人は顔を見れば 99%わかる

フランス発・相貌心理学入門

佐藤ブゾン貴子
Sato Bouzon Takako

JN018610

河出新書
019

はじめに

顔をベースにして、コミュニケーションや人間関係のつくり方、自分の人生を思いどおりにもっていく方法を科学的に語っていく――。

これが、私が本書でお伝えしたいことです。これからお話ししていくポイントをまとめると、以下のようになります。

・顔には、内面（性格や思考傾向など）のすべてが表れている
・顔ほど、その人の本質を正確に教えてくれる情報はほかにない
・顔を見れば、その人の内面を把握できる
・自分の顔にも、思考や行動、コミュニケーションの傾向が出ている
・相手と自分の性格や思考を踏まえたコミュニケーションをしていけば、人間関係がうまくいく

コミュニケーションや自己実現においては、これまでにない考え方を提示しているので、やや異色とも言える内容を扱っています。あなたが聞いたことも見たこともないような話が出てくるかもしれません。

顔には、あなたが思っている以上の情報が表出しています。内面のすべてが表れているのです。

この本は、「相貌心理学《そうぼうしんりがく》」というフランス発祥のメソッドをベースにしてお話ししています。実際にフランスでは、ビジネスや教育の現場で採用されている心理学です。

相貌心理学という言葉を初めて聞く人も多いでしょうが、しぐさや表情ではなく、あくまでも顔そのものを分析するもの。日本では知られていなかった、相手および自分自身を理解するアプローチです。その方法は、これからの時代の必須スキルとなると言っても、過言ではありません。

すべての人に適用できる学問

二十一世紀に入って、グローバル化はますます加速しています。訪日外国人観光客も三千万人を突破して、国内の至るところが海外から訪れる人であふれるようになりました。

なかには日本人が知らないような地域にまで足を運ぶ熱心な外国人もいます。

そうした外国人とコミュニケーションをするときにも役に立つのが、相貌心理学です。

相貌心理学はフランス発祥ではありますが、全世界に通用する学問です。その顔分析は、フランス人も日本人もそのほかの国・地域の人にも適用できます。万国共通なだけに、地球上のすべての人とのコミュニケーションに役立てることができます。


いい悪いは別にして、日本人はこれまで「あ・うん」の呼吸によるコミュニケーションを長らく行ってきました。オフィスでも学校でも家庭でも丁々発止のやりとりをして意思の疎通を図るのではなく、「言わなくてもわかるだろう」と、お互いに相手の気持ちを察しながらのコミュニケーションをしてきました。それを別の言葉で言うと、「忖度《そんたく》」になります。

オブラートに包まずに言葉でお互いの気持ちを直接伝え合うと、ケンカや言い争いにエスカレートしがちなので、人間関係を円満に収めるための知恵として「あ・うん」の呼吸は重宝されています。極めてアナログ的手法ですが、今でもその傾向は残っています。

カドを立てず、円満に収めることが大前提。実際に信頼関係のある者同士では、余計なストレスを生むことがないので、それはそれでいいコミュニケーションとも言えます。

「あ・うん」の呼吸は通じない

現在はグローバル化が進み、日本人は海外に進出し、反対にさまざまな国・地域から多くの人が日本にやって来るようになっています。この流れは止めることができません。

外国の人たちがいくら日本および日本人に好意的であっても、「あ・うん」の呼吸は通用しません。

だからと言って、英語をはじめとする「外国語だけを身につければいい」ということとも違います。日本語以外の異なる言語を習得すれば、より多くの人と会話することはできますが、意思の疎通が図れたり理解できるようになったりするのかと言えば、それはまた少し別の話です。

言語も文化も価値観も違う、初対面の人とコミュニケーションをしなければならない——。これからの日本では誰にでも起こり得ることであり、避けられないことです。

十一年の時をフランスで過ごした私ですが、語学力だけでは埋められない価値観の差を感じたのが正直なところです。文化背景や生活様式がまったく異なる異文化コミュニケーションにおいて、語学力だけで短時間で心のつながりを育むのには難しさがあります。

履歴書以上に正確な情報

「顔は履歴書」

よくこのような言い方をされることがありますが、相貌心理学の見地からしても、十分にうなずけることです。

顔は、変わります。一年前と今とで、まるっきり同じということはあり得ません。

加齢によるものは別として、その人が置かれた環境の影響によって、器官・部位が微妙に変化しています。内面の変化は、必ず顔のどこかに表れるものです。

以前より目尻が下がっていれば、「この人は人の言うことに耳を傾けるようになったな」と判断できるし、正面から見て耳が見えるようになっていれば、「この人は独立心が旺盛になったな」と見て間違いありません。

顔の変化が表すのは、その人の内面の成長や後退。変わっていくがゆえに、顔は履歴書たり得ます。

履歴書は多少盛ることはできますが、顔は一切のごまかしが効きません。本人の内面を嘘偽りなく映し出すので、顔ほど、その人の本質を正確に教えてくれる情報はほかにありません。

その意味では、履歴書以上に正確な本人の情報です。仕事・プライベートを問わず、あなたの人生において、フランス発の相貌心理学は大活躍してくれるはずです。

顔は、コミュニケーションの基本。
顔は、人間関係の要《かなめ》。
顔は、自己実現のバロメーター。

顔に表れた情報を活用するとしないとでは、天と地ほどの差が開くと言っても過言ではないのです。本書を読んで内容を実践された人は、その効果に驚かれると思います。

それでは、早速始めましょう。

目次

はじめに　3
すべての人に適用できる学問／「あ・うん」の呼吸は通じない／履歴書以上に正確な情報

第1章　顔を見れば、すべてがわかる　15
持って生まれた顔で人生が決まるわけではない／顔にはその人のすべての情報が表れる／顔はコミュニケーションの基本／相貌心理学とは何か／相貌心理学を知るメリット／人を見極めるメガネを持つ／相貌心理学をビジネスで活用する／肉づきに張りがあり、こめかみがまっすぐな人はリーダータイプ？／人材のミスマッチを防ぐ／日本人に合ったコミュニケーション方法／占いでも観相学でもない／これからの時代に必要不可欠な学問

第2章

99%正確な顔の分析法

久しぶりに会った人の顔が思い出せない理由／環境で顔は変わる／顔が変われば、人生が変わる！／顔には、変わる部分と変わらない部分がある／顔には三つの見方がある／器官・部位には、その人のコミュニケーションスタイルが表れる／目尻が下がりすぎている人は、人の意見に流されやすい／目がパッチリ開いている人は、好奇心旺盛／こめかみが大きくへこんでいる人は、思考の堂々巡りをする／鼻の穴が見えない人は、秘密主義／鼻筋の傾斜がある人は、言いたいことを的確に伝える／耳が正面から見える人は、独立心旺盛／肉づきが豊かな人は寛容、薄い人は神経質／肉づきに張りがある人は、問題解決力が高い／唇が薄い人は、冷淡になりやすい／口角が上がっている人は、ポジティブ／額がまっすぐな人は、とても頑固／額がぷっくりしている人は、時間をかけてものごとに取り組む／あごが前に出ている人は、野心を実現させやすい／頬骨が張っている人は、愛情深い／寒暖差で顔は変わる／外部刺激が顔の変化をもたらす／整形しただけでは人生は変わらない／器官・部位に表れる特徴を統合する

第3章 顔は三つのゾーンに分けられる 91
三つのゾーンとは？／知的優位か、感情優位か、利益優位か／ゼロから1を生み出す「思考ゾーン」／自分の気持ちを大切にする「感情ゾーン」／数字を追うのが大好きな「活動ゾーン」／クレーム対応でやるべきこと、やってはいけないこと／ゾーンによって適性・適職が変わる／ゾーン別恋愛アプローチ法／自分のゾーンを知る

第4章 相性の善し悪しはこうして決まる 115
同じゾーン同士は相性がいい／思考ゾーンと感情ゾーンはすれ違いが多い／表現を変えるだけで共感が生まれる／思考ゾーンと活動ゾーンは最悪で最強の組み合わせ／相手にないものを補っていく／感情ゾーンと活動ゾーンはお互いに関心がない／接点を見つける努力をする

第5章 もっと自分と相手を深く理解する 133
輪郭はエネルギー量を表す／ナポレオンは孤独が苦手、織田信長は孤独が好き／パワハラになりやすい上司、部下を孤立させやすい上司／持久力のある人とない人の違い／起業家に多いコンソントレ、浪費家に多いレアジッサン／人間の顔は左右対称ではない／顔の右側は現在、左側は過去を象徴する／非対称は自分の隠れた意識を表出する／非対称がある人の性格・行動を見るポイント

第6章 分析であの人の本質がここまでわかる！ 153
顔分析を武器にする／妥協を許さない理想主義者……スティーブ・ジョブズ【思考ゾーン】／有言実行の完璧主義者……羽生結弦【感情ゾーン】／満足することを知らない貪欲な現実主義者……ココ・シャネル【活動ゾーン】／二つのポイントを押さえる／最後まで水と油だったチャールズ皇太子とダイアナ元妃／ウィリアム王子を献身的に支えるキャサリン妃／二人だけの世界観を構築するヘンリー王子とメーガン妃／好き嫌いがはっきりし

ているエリザベス女王／異なるゾーンの組み合わせでもうまくいく／エリザベス女王はヘンリー王子のよき理解者／相手の顔の変化を読み取ってコミュニケーションする／自分の弱みを相手の強みで補ってもらう

おわりに 183
巻末資料1〜6 186

第1章

顔を見れば、すべてがわかる

持って生まれた顔で人生が決まるわけではない

相手の顔を見て、コミュニケーションやアプローチをする――。

こう言うと、「結局、美人やイケメンが得をするんでしょ?」と思う人も多いかもしれません。それについては、最初から否定しておきます。

まったく同じことを話しているのに、相手が美人やイケメンだとついOKしたり許したりしてしまう……。このように美形な人が得をすることは、世の中に絶対に「ない」とは言いません。

生まれつき美形であれば、アドバンテージにつながることが少なからずあるでしょう。

それでも、この人たちが人生でいつも順風満帆であるとか大成功を収めているとか幸せに暮らしているのかと言うと、必ずしもそうとは言えないのではないでしょうか。人には言えない苦労や悩みもあったりします。

きちんと現実を見ると、美人やイケメンではない人でも、ビジネスで大成功を収めていたり、幸せに満ちあふれた生活を送ったりする人はたくさんいます。そちらのほうが多いとさえ言えます。

ビジネスで成功することや幸せな人生を送ることと、顔の美醜、整っているか整っていないかは、まったく関係ありません。「バチェラー・ジャパン」に出てくるようなイケメンのお金持ちは、富裕階級の中でもごくごくわずかです。

美人やイケメンだからお金持ちになる、あるいはビジネスで成功するのではなく、お金持ちになった、ビジネスで成功した人の中に、美人やイケメンがいたというだけにすぎません。

「持って生まれたものだから、顔は変えられない……」

残念ながら、そんなふうに思っている人は大変多いようです。好むと好まざるとにかかわらず、顔は常に変わります。十年前の顔と今の顔は、同じではありません。

若いころに美人やイケメンだった人が、加齢によって昔の面影がすっかり消えて別人のようになっていることもよくあることです。反対に、若いころはパッとしなかった人が、加齢とともに味わい深いダンディーな人になったり、凛とした素敵なご婦人になったりすることもあります。

本書では、顔についてさまざまなことを論じていきますが、成功や幸せに顔の美醜が関係しないことは、重ねて申し上げておきます。顔がいいから、成功するとかうまくいくという話ではないのです。

持って生まれた顔によって、成功とか幸せが決まるのではない――。そのことだけは強調しておきます。

顔にはその人のすべての情報が表れる

さて、私たちの顔。

顔には、その人の持っているほぼすべてが表れています。ちなみに、顔からは次のような情報を読み取ることができます。

・体力量
・コミュニケーション欲求量
・実行力
・想像力
・共感力
・思考の速度

・環境や他者に対する寛容性や順応性
・感情や考えを伝える力
・感受性
・自己制御力
・野心や独立心
・モチベーション

すべての人の顔には、こういった情報がはっきり示されています。それは、あなたの顔も私の顔も同じ。
その顔に表れている情報を理解し上手に活用することで、コミュニケーションや人間関係がうまくいくようになる、あるいは自己実現を図ることを、本書は目的としています。

顔はコミュニケーションの基本

なぜ顔なのでしょうか。
それは、顔が人間の内面（感情）の変化を敏感に映し出す鏡だからです。

たとえば、あなたの左右の顔が以前に比べて心なしか歪《ゆが》んでいるなと感じたならば、それは「過去と現在に何らかのギャップが生まれている」という心のサインの表れ。相貌心理学では、そのように分析します。

目、鼻、口などの顔の器官や部位は外部に露出しています。ベールで覆ったりしなければ、どんな状態になっているのかを、きちんと把握できます。自分の顔の器官・部位でさえも、鏡を使えばその状態を認識できます。露出しているがゆえに、その人の「現在」の状態を把握しやすいのが、顔です。

医師は、患者が診察に来たときに、まず顔を見ます。そこには、認知機能や生命維持に欠かせない目、鼻、耳、口といった器官が集中しています。その人の健康状態を読み取れるから、医師は顔を見るようにしているのです。

それ以外にも「楽しい」あるいは「不安」といった精神状態などの重要な情報が、顔にははっきりと示されています。多くの人が思っている以上に、顔から得られる情報は、膨大です。そこから何を読み取るかによって、相手や自分自身の現在の状態を把握することができます。

ちなみに、日本語には「顔」に関する慣用句がたくさんあります。

顔色をうかがう
顔が売れる
顔が立つ
顔が広い
顔が潰れる
顔から火が出る
顔向けできない
顔を出す
顔に泥を塗る
合わせる顔がない
汗顔《かんがん》の至り
何食わぬ顔
知らぬ顔の半兵衛《はんべえ》

仏の顔も三度まで……

こう見ていくと、どれもコミュニケーションや感情・内面についての記述になっていることがわかります。

コミュニケーションをするときは、まず相手の顔を見て何かを判断したり対応したりする……。日本人にとって、それはごく普通にしていたことでした。

顔はやはりコミュニケーションの基本、人間関係の要です。もっとも、ただ顔を見ているだけで、相手のことを理解できるわけではありません。

顔のどこをどう見ていくのか。そこから何を読み取って、どう活《い》かしていくのか。そのことがわからなければ、いいコミュニケーションもできないし、いい人間関係を築くこともできません。

それを網羅するのが、「相貌心理学（モルフォプシコロジー）」です。「相貌心理学」を正確に理解し実際に活用していくと、相手の99％を把握することができます。「人を見抜く」と言い換えてもいいでしょう。

相貌心理学とは何か

相貌心理学は、一九三七年、フランスの精神科医でもあり臨床学者でもあったルイ・コルマンによって、顔と精神（内面）、顔と性格の相互関係を研究対象としてつくり上げられた学問です。顔を客観データとして分析し、人間性、性格、パーソナリティーを見立てていきます。

コルマンの著書『相貌心理学序説』は、フランスで最も権威ある出版局「フランス大学出版局」から半世紀にわたり出版されています。日本では一般には知られていませんが、フランスでは心理学の一分野として広く知られており、教育分野、またビジネス分野においても多方面で活用されています。

実際にどのようなメソッドとして活用されているのかについては、相貌心理学者と企業との間で守秘義務の取り決めがあるため、企業名などの詳細はここではお伝えすることができませんが、お客様とのコミュニケーション、人材育成、もしくは適材適所の人材配置といったマネジメントに応用されています。

教育分野においては、ファッションや美容などのイメージをコーチングする学校のカリキュラムの中などで相貌心理学の顔分析の応用が使われています。一般の家庭でも子どもとのコミュニケーションをうまくとるために使われています。

フランスでは有名な雑誌や新聞で特集されることもあるので、道を歩く人に聞いても、「ああ、知っているよ」と答えるくらいポピュラーな学問なのです。

ヨーロッパにおいても、イタリアやスペインといったフランスの近隣国では、相貌心理学が少しずつ広まりつつあります。


コルマンは論文以外に、自分の学術研究成果を三十数冊の本で発表し、それが今日の相貌心理学の理論の基になっています。彼自身は臨床心理学者でもあり、実証、ケース・スタディを提唱していたので、自分のメソッドをつくるに当たって数多くの分析・実証を繰り返すことで精度を高めていきました。

現在に至り、一億人以上にも上る顔分析データの集約をもって理論を体系化し続けているという意味では、まさに「生きた学問」と言え、相貌心理学のプロフェッサーによる顔分析の精度は、99％の正確性を誇ると言われています。

フランスでは学問としても人気で、精神科の医師やカウンセラー、ファッション関係者などが相貌心理学者の資格を取得しています。美容関係、エステティシャンなど美に関する職業の方の受講が多いのも特徴です。相貌心理学を学んだ美容師が、相貌心理学と美容を融合させた新しい分野をつくったというケースもあります。

ちなみに、相貌心理学者は現時点で世界に約千二百人います。その中でもプロフェッサーは世界に十五人。日本人では、僭越ながら私だけです。

相貌心理学を知るメリット

相貌心理学を学ぶと、どんないいことがあるのでしょうか。大まかに言うと、二つあります。

一つ目に、自分自身を知る。

自分自身のことは理解しているようで、案外、理解していないものです。特に仕事に追われたり日々の生活に忙殺されたりしていると、自分が本当は何をやりたいのか、どんなことが向いているのかを探ろうとする余裕もなくなります。とにかく目の前のことを一生懸命にやって結果を出すのに精いっぱい。

その一生懸命にやっていることは、本当にあなたが求めているものなのでしょうか。自分がどんなことをやりたいのか。あるいは、どんなことで自分の才能が開花するのか……。

才能の開花が望める分野は、その人が持っている力を最大限に発揮させます。当然ながら、その分野を選んでしっかり努力していけば、成功を収めることができ、本当の意味で自分を満たすことができます。

この満足感を得るには、自分自身を把握する必要があります。それもなるべく客観的に。それを教えてくれるのが、相貌心理学です。

自分を知ることで、人間関係、仕事の範囲、活動領域が広がって、行動半径も拡大していきます。仕事もプライベートも充実して、人生がより豊かになることは、間違いありません。

二つ目に、他人を知る。

あなた自身、これまでさまざまな人に出会ってきたでしょうが、そのすべての人を真に理解できたでしょうか。そんな人物眼が鋭い人は、めったにいるものではありません。相貌心理学を身につければ、誰もがしっかりした人物眼を持ちコミュニケーションにおける寛容さや相手に対するやさしさを育むことができます。

自分固有の見方で相手を見てしまい、特に第一印象で「この人、嫌い」と思ったら、以後も相手への理解を示すことなく常に隔たりや壁をつくってしまう人は多いようです。その負の感情は、相手にも必ず伝わります。相手からも「あの人、なんか感じが悪い」と思われてしまい、結果的に損をすることになります。

これまでは自分が過去に培ってきた経験や価値観で相手を判断して、それで終わっていた人も、相貌心理学を学ぶことによって、「あ、この人第一印象ではちょっと苦手なタイプだけど、こういういいところがある。そこに着目すれば、私ともうまくいくかもしれない」と見方が変わっていきます。相手の特性を活かすような関係性をつくることで、人間関係も良好になります。

相手を理解することは、相手を活かすこと。それは、相手のためのみならず、自分のためにもなります。

他人を知ることで、これまでよりも多くの人とのコミュニケーションに躊躇《ちゅうちょ》なく踏み出せるようになります。新しい人とのつながりができれば、そこからまたさらなる人間関係が発展して、行動半径が拡大していきます。

自分自身を知る。他人を知る。大きく挙げれば、この二つが、相貌心理学を学ぶメリットになります。

人を見極めるメガネを持つ

相貌心理学は、人の本質を顔で理解するメガネです。このメガネを持つ人と、そうでない人とでは、コミュニケーションにおいてもビジネスや恋愛、家族関係においても、天と地ほどの差が開いてしまうと言っても、過言ではありません。

自分も含めて、人間をその本質的なところから理解できるようになりますし、どうすればいい結果を導き出すことができるのかも考えられるようになります。コミュニケーションのあり方や人間関係の距離感、仕事のやり方などのあらゆる面において、最適な行動をとれるようになります。

相手の性格をしっかり理解し、それを踏まえて適切なアプローチをすることで、どんな人ともうまく関係を築くことができます。

人間関係で相手が想定外の行動をすると、「あんな人だとは思わなかった！」と腹を立てたりしますが、相貌心理学というメガネを持つと、そういうこととも無縁になります。

相手の傾向を理解していますから、「こんなことを言いがちだな」「こんな行動をしてしまうよね」と納得することが多く、がっかりしたりイライラしたりすることがなくなります。むしろ「この顔のタイプはこういう特徴があるから、こんなことを言うんだな」と、相手の行動を深く理解できるようになり、やさしく包み込むように接することができます。相手とうまく関係を築けるので、自分自身も穏やかでいられます。

顔は、生まれつき変わらないものではありません。人間は社会的動物でもあるので、外部の刺激によっても顔はつくられていきます。

うれしい出来事、楽しい刺激をいっぱい受信していれば、幸せあふれる顔が構築されていきますし、ネガティブな刺激を多く受ければそのように構築されていきます。特に感受性の象徴でもある顔の肉づきのバランスが変わることで、与える印象もまた必然的に変わります。

意識しているかいないかにかかわらず、顔にはその人のすべてが表れます。

自分の顔がどうなっているのか。またどのように自分の顔が見られているのか。それは、自分自身が責任を持って理解していかなければならないことです。

相貌心理学をビジネスで活用する

相貌心理学がビジネスで有効活用できる事例をご説明します。

まずはマンツーマン・コンサルティング。

設定した目標に対して、きちんと管理し適切な行動ができているかどうか、スタッフやビジネスパートナーと適正な人間関係が築けているかなどを、依頼者の顔の変化を見ながら、マンツーマンでコンサルティングをしていきます。フランスでは、エグゼクティブが相貌心理学者にマンツーマンのコンサルティングを希望するケースもあります。

あるいは、産業医や医療カウンセラーに代わるメンタルコンサルティング。

新しく入ってくる社員のAさんがどちらかと言うと心の病気に陥りやすい傾向があるならば、それを顔に表れた情報から察知し事前に対策を講じて防ぐことも可能です。

ほかには、人材アセスメント。適性の見極めや人材配置などは、すでにフランスで活用されている分野でもあります。

採用面接という場で応募してきた人が本質的にどういうタイプかを見抜くのはベテランの面接官でも難しいものですが、相貌心理学を知っていれば、それも容易にできます。

たとえば、次の四人が応募して来たとします。今回の採用で、「リーダータイプ」を求めているとしたら、Ａ、Ｂ、Ｃ、Ｄの中からぴったりの人材を選ばなければなりません。
ちなみに、あなたが面接官だとすれば、四人のうち誰を選ぶでしょうか。直感でもいいですから、顔だけでリーダータイプを一人選んでみましょう。

どの顔が
リーダータイプか？

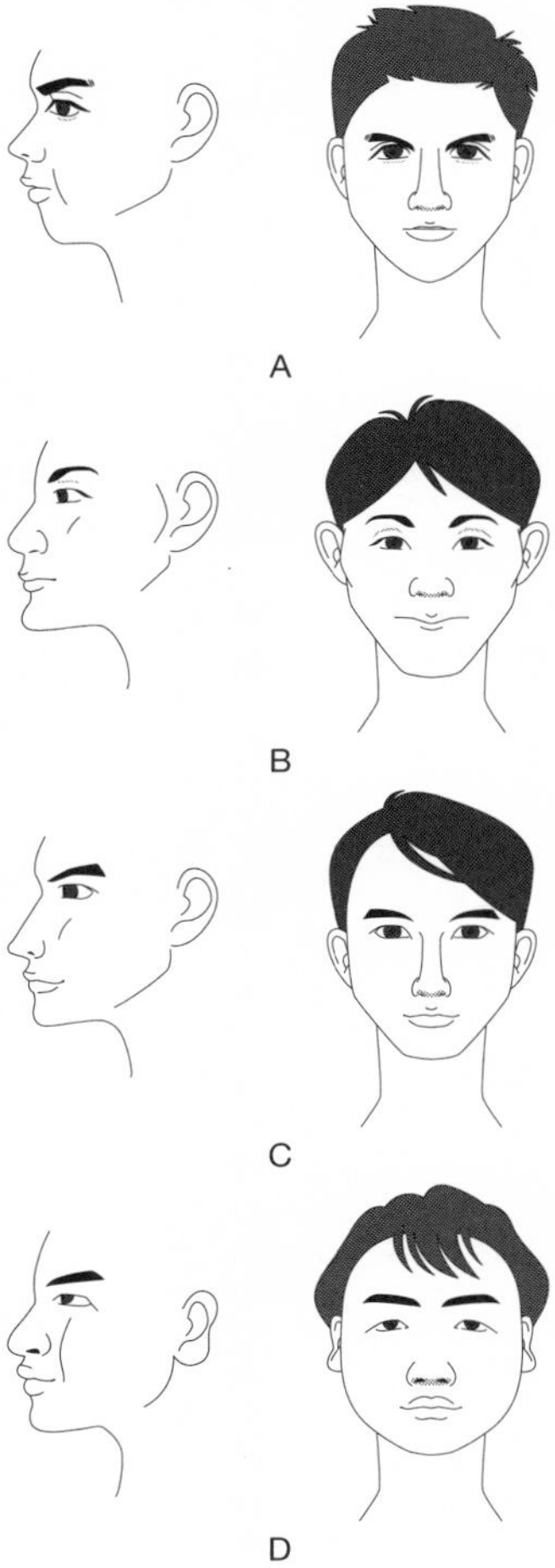

肉づきに張りがあり、こめかみがまっすぐな人はリーダータイプ？

先に正解を言うと、リーダータイプはCです。それ以外は、Aが言われたことを忠実に実行するタイプ、Bが人を押しのけてでも前に出ていくタイプ、Dが縁の下の力持ちタイプです。

なぜこの四人について前述のように判断できるのでしょうか。それは顔に表れた情報を相貌心理学で読み取っていったからです。A、B、C、Dそれぞれについては、次のように分析できます。

A＝言われたことを忠実に実行するタイプ

肉づきはあっても張りがなく、目尻はとても下がっていることから、言われたことを忠実に実行していくタイプだとわかります。

目は大きく、横から見るとどちらかと言えば飛び出しているがゆえに、選択の欲求も少ないことを示しています。唇は若干開き気味で、自己制御力が弱いこと、あご先はとんがり気味で、横から見ると引っ込んでいるので野心がないこともわかります。

B＝人を押しのけてでも前に出ていくタイプ

横から見て傾斜の強い額《ひたい》は、思考の速度や判断は速いが、他人への配慮に欠けていることを示します。

あご先が過度に突出しているので野心を実現する力もあります。正面から見て耳が見えるので、独立心が旺盛。また頰骨が張っているので、社会的欲求、愛情欲求が強いこと、それを人に強要するのをいとわないことがわかります。

C＝リーダータイプ

直感したことを理論立てて考えられることが、横から見た額上部の丸みや眉上の凹凸《おうとつ》からわかります。自分の考えを他者に勢いよく伝えられる能力は、鼻筋の傾斜が示しています。

想像したことや理想を理論的・現実的思考に落とし込む力を持っていることは、こめかみのまっすぐさが示していますし、張りのある肉づきからはモチベーションが高いことがわかります。唇は引き締まり閉じられているので、自己制御力があると言えます。

D＝縁の下の力持ちタイプ

全体的な肉づきの豊かさと適度な張り、唇の肉づきのふくよかさから、コミュニケーションにおける順応性、寛容性が高いことや、相手に対する気配りが得意であることがわかります。目尻の下がりは、他者の話をじっくり聞ける度量の大きさを示します。あご先がどっしりとしていることから野心があることはうかがえるものの、横から見て過度に突出していないことからほどよく自己制御できることがわかります。

人材のミスマッチを防ぐ

リーダータイプの人材が欲しいのに、言われたことを忠実に実行するAか縁の下の力持ちであるDを採用してしまったら、人材のミスマッチ。採用したほうは「もっとやってくれると思っていたのに……」とがっかりし、採用されたほうは「こんなことは向いていないのに……」とストレスを感じ、お互いに不幸なことになります。

あるいは参謀タイプが欲しいのに、人を押しのけてでも前に出ていくBやリーダータイプのCを採用しても、同じようなミスマッチが起こります。

どんなに面接をたくさんしても、その人の本質を見抜くことは難しく、履歴書に素晴らしい実績が書かれていても、その人が本当にその能力を発揮できるかは現場に出てみないとわからないものです。

採用には、このようなリスクがつきまといます。そのリスクヘッジをしてくれるのが、相貌心理学です。

履歴書にはないその人固有の情報が、顔には表れています。それを分析できれば、「この人はリーダー（言われたことを忠実に実行する／人を押しのけてでも前に出ていく／縁の下の力持ち）タイプ」だと見抜くことは可能です。人材のミスマッチも限りなく減らしていけることでしょう。

営業部門の人材を募集しているのに、事務の得意な人を採用してしまっては、お互いに不幸なことになります。社交性に長《た》けている人、他者とのコミュニケーションが得意な人が、やはり営業には向いています。もし四人の中で採用するとしたら、相手の立場に立ってものごとを考えられるDになるでしょう。

反対に、動き回って周りの人たちとのコミュニケーションをとるのが得意なタイプが事務職専門のチームに入ると、ストレスがたまってしまいます。営業向きの人を顔立ちから見極めて配置できれば、ミスマッチはなくなります。

同じく四人の中で事務職を採用するとしたら、言われたことを忠実に実行するAでしょうか。

面接という短時間でも、顔を見るだけでその人の持つ本質がわかります。

ビジネスでの人材配置という視点で考えた場合でも、「顔の部位がこうなっているから、この人はこういう人だ」と一義的に判断するのではなく、会社に必要な人材はこういうタイプだから、それに合うのはこういう顔のタイプだ」と見ていくほうが、ミスマッチは起こりません。

それぞれの人間の特性を活かすことこそ、重要です。相貌心理学を用いれば、適材適所の人材配置が可能になります。

日本人に合ったコミュニケーション方法

相貌心理学は、その人の「いい悪い」を判断するための学問ではありません。その人を理解するための学問です。

人はどうしてもものごとを「いい悪い」で判断しがちです。それは、ものごとだけでなく人に対しても同様です。なぜかと言えば、人間は肉体的にも精神的にも、本能として自分を守るための自己防衛が働くからです。その判断の主体は常に自分であり、当然それは主観的になります。

相貌心理学は「顔」に表れたさまざまな「表出」を客観的に読み取って言語化する学問です。そこに「いい悪い」の判断はありません。ちなみに、表出とは相貌心理学では生体内部に起こっていることが顔の表面に特徴として表れることを指します。

まずは相手の顔をしっかり見ること。それは、アイコンタクトではありません。顔を見れば、そこには基本的な性格や行動スタイルなど相手に関するさまざまな傾向が反映されています。

「この人はこういうタイプ」だとわかれば、人種・国籍を問わず相手に合わせたコミュニケーションをすることが可能になります。すると相手も自分のことをわかってもらえるという安心感を持ち、コミュニケーションに寛容性が生まれます。

どういうタイプなのかを理解したうえで、相手に合わせて対応していくコミュニケーション方法は、外国人がよくやる丁々発止のやりとりをすることに慣れていない日本人にとって、ぴったりではないでしょうか。

控えめでおとなしい日本人に合った、コミュニケーション方法の一つとして、とても有効なツールとなるでしょう。

私が相貌心理学を勧める理由は、そこにもあります。

大切なことは、その結果を「いい悪い」で判断するのではなく、どう理解するか。判断と理解はまったく異なるものなのです。

加えて言うと、顔は常に変化するもの。顔は内面を映し出す鏡で、その人の感じ方が変われば、顔も変わっていくというのが相貌心理学の根底にある定義です。ですので、顔の変化を読み取るということは、本人さえも気がついていない内面の変化への理解と言えるのです。

この理解は、もちろん、自己分析にも使うことができます。

顔の変化を通じてモチベーションや心の動向を知ることで、日常生活における体調管理のように心の自己管理として使うことができますし、新たな人生を切り開く大きな決断や選択をする際に活かすこともできます。

占いでも観相学でもない

相貌心理学は、占いとは違って「学問」です。

実は、私のところにも「これからどうなるのでしょうか？」と、自身の未来を鑑定してもらおうとする人がよく訪ねてきます。占いと勘違いしている人が多いのも事実です。

占いではないので、私にはその人の未来はわかりません。

ただし、これだけは伝えます。

「未来は自分で築くものです。もし夢があるのなら、お顔立ちからその夢に近づくためのプロセスは提案できますが、何年後にその夢がかなうかは、占いではないのでわかりません」

こう言うと、「占ってもらおう」と期待に胸を弾ませて来ている人は、がっかりするようです。「あ、見てくれないんだ……」とあきらめたのか納得したのかは不明ですが、足早に去っていきます。

相貌心理学は、あくまでも自分自身や他者を理解するための学問です。占いとは違うので、「いい／悪い」「かなう／かなわない」という判断をするためのものではありません。

また、観相学とも異なります。観相学では顔のある部分を抽出して、その一点からその人を判断していきます。

相貌心理学では、「部分は全体の一部」としてとらえ、点と点をきっちりつなげていって、全体を統合して「こういう性格だ」と考えていきます。あくまでも一人ひとり異なるオーダーメイドの分析です。

私が調べた限りでは、観相学はどうしても部分的な表出を理解しようとしているように見えます。そこが、相貌心理学との大きな違いです。その点については、第6章の総合分析をお読みになれば、おわかりいただけると思います。

これからの時代に必要不可欠な学問

テクノロジーの進化により、これからの時代、リモートワークやテレワークが一般化することは間違いありません。あるいは遠隔医療の普及も待ったなしです。こうした分野でも相貌心理学を活用できます。

これらのシステムでは、離れた相手とパソコンやスマホの画面を通じて、コミュニケーションをしていきます。言葉のやりとりはできますが、対面ではないので、相手の息遣いや細かい表情を見ることが難しくなり、威勢のいい人のアイデアが通ったり口下手の人が不利益を被《こうむ》ったりすることも、リアルの場以上に起こるかもしれません。意見の集約や意思決定、病状把握に時間がかかってしまうことも「ない」わけではないでしょう。

ここで重要視すべきなのが、顔。

面識がない人や初めての患者さんとコミュニケーションしなければならないときでも、顔はハッキリ見えます。相手のことをあまり知らなくても、画面に映る相手の顔を見てそこに表れている情報を分析していけば、「この人は本音を言わない人だな」「選択の欲求が強いな」「環境への順応性が高いな」と判断できます。

対面はもちろん、離れた場所でのコミュニケーションにも大いに活用できることになります。時代や技術の変化が、相貌心理学普及の有用性を示唆してくれています。

第2章

99%正確な顔の分析法

久しぶりに会った人の顔が思い出せない理由

あなたには、「街中でいきなりまったく知らない人に声をかけられた」という経験はありませんか。

「久しぶり！」

そう声をかけられたものの、まったく見覚えがありません。それなのに、「○○、元気だった？」と、自分の名前まで知っていて、気さくに話しかけてきます。誰だかわからずキョトンとしていると、「△△だよ、忘れちゃったの？」と言うではありませんか。

確かにその名前はよく知っています。高校の同級生です。そう言えば、聞き覚えのある声をしています。

卒業してからすでに十数年……。いくら加齢による変化があったとは言え、あのころの△△とは別人です。

「本当にあの△△なの？」

あなたはまだ疑いがぬぐえません。それでも相手がよく二人でした遊びや一緒に行った場所などの昔の思い出を語ると、つい懐かしさが込み上げます。よく見ると、当時の面影がそこかしこに残っています。

「やっぱり△△だな。でも、別人のように変わってしまった。こんなことってあるのだろうか?」

最後まで疑いが消えませんでしたが、連絡先を交換して、近いうちに同級生を交えて飲む約束をします。「そうすれば、△△が本人かどうか確認できるし、久しぶりにいろいろな人と会えて一石二鳥だ」などと思いながら……。

ここではやや誇張した例にしていますが、昔からの知り合いの顔があまりにも変わっていて驚いたことは、誰にでもあることでしょう。顔は変わるものですから、それも当然です。

もし昔は目尻が下がっていたのに、今は逆に上がっているとすれば、目の前にいる人は、意志が強くスキを与えない人に変わったのです。おそらく△△さんは、昔は割合にほんわかとしていた人だったので、別人だと思うのも無理はありません。

あるいは、昔は顔の肉づきが豊かだったのに、今は薄いとすれば、目の前にいる人は、以前より環境や他者からの刺激に敏感で、やや神経質な心情にあります。以前の△△さんは、たぶん大らかな人だったので、本人だと気づかない可能性が高くなったのです。

環境で顔は変わる

なぜ顔が変わるのか——。それは、加齢と言うよりも環境による影響です。環境が変化することで、顔が変わっていきます。

十数年ぶりに会った同級生が誰だかわからなかったのは、相手の環境が大きく変化したからでしょう。この環境による変化は、加齢による影響よりも大きいものです。

環境は、人間の顔が変化する一番大きな要因です。環境の変化とは、住環境の場合もあれば、人間関係や行動パターンが変わる場合も含まれます。

しかも環境が変わることで、数カ月とか半年という比較的短期間で顔に変化を及ぼすこともあります。

たとえば、一年とか二年転勤していた同僚が本社に戻ってきたら、すっかり顔が変わっていたとすれば、それは赴任先の環境による影響を受けたからです。環境が顔に与える影響はそれほど大きいのです。

そもそも顔には、顔面神経が分布した三十種類以上の筋肉があり、それらが相互に作用して複雑な表情をつくり出します。たとえば、笑顔になるには、大頬骨筋《だいきょうこつきん》、笑筋《しょうきん》が使われています。

筋肉は使えば使うほど発達しますが、逆に使わなければ、どんどん退化していきます。笑顔が多い人は、大頬骨筋、笑筋を発達させることになり、それが他人から見ても魅力的な顔となっていきます。

まったく笑わない人は、大頬骨筋、笑筋を使っていないことになりますから、これらが退化する一方です。その影響はこれだけにとどまらず、ほかの器官や部位にも影響を及ぼし、肉づきの張りがなくなったり、口角が下がったりすることにつながります。

表情も乏しいので、会う人にはどこか暗い印象を与えてしまいます。

もしこの人が一日で何十回も笑うような生活を送るようになったら、大頬骨筋、笑筋が発達します。肉づきの張りが出たり、口角が上がったりして、会う人に明るくさわやかな印象を与えることでしょう。

表情をつくるのは、筋肉です。その表情に影響を与えるのが、感情、つまり、自分の内面（精神）です。

表情の変化によって顔が変わっていくのは、自分の内面（精神）が変わっているからです。顔が変わることには、表情のもととなる内面がどうなるかが、大きくかかわってきます。これが、顔が内面によって決まるといわれるゆえんです。

顔が変われば、人生が変わる！

これからお話しするのは、「内面が変わると、顔が変わる」という実例です。日本でセミナーを開催するようになって、ある受講生の変化を目の当たりにしたことで、相貌心理学の持つ力を改めて実感しました。

その受講生は、エステティシャンの方。初めてお会いしたときは顔の肉づきに張りがなく、見るからに引っ込み思案。自分に自信が持てない傾向がありました。本人も今後の生き方に迷いがあったようです。

相貌心理学の講義を受けて三カ月。その方の顔が、ガラリと変わったのです。頬の肉づきがとても豊かになり、張りが出てきました。

今ではすっかり自信に満ちあふれ、お店のほうも予約のとれないエステサロンになっています。たった三カ月ですが、別人のように生まれ変わっています。

相貌心理学で自分の性格や傾向を客観的に把握し、また自分を活かす方法を具体的に考えることで、行動が変わり結果を出せるようになっていったのです。何より自信が持てるようになって、コミュニケーションも積極的になり、今では自分を前に出せるようになりました。

顔は内面の鏡。このエステティシャンの方は、自分を正確に認知することで自分自身の内面を変え、その内面の変化が顔の各部位の変化につながっていきました。内面が変わったから、人生が変わっていくのです。顔が変わったのは、内面の変化に連動したものであって、結果論です。

あなたの顔は、あなたの人生そのもの。その意味では、顔はやはり履歴書です。

履歴書には後からいくらでも経歴を追加できるように、どのようなことをその顔に刻みつけるかは、あなた自身の選択と行動にかかっています。

顔には、変わる部分と変わらない部分がある

顔は、変わります。同時に、顔は変わりません。

こんなふうに言うと、「矛盾したことを言っている！」という指摘を受けるかもしれませんが、正確に記述すると、こうなります。

顔には、変わる部分と変わらない部分がある。

変わる部分は加齢や環境による影響を受けやすい部分です。変わらない部分は加齢や環境による影響を受けない部分です。

先ほど十数年ぶりに会った同級生が誰だかわからなかったという話をしました。相手が△△さんだとわからなかったのは、ある部分が加齢や環境の変化を受けて大きく変化したからです。その一方で、△△さんの顔が昔の面影を残していたのは、ある部分が加齢や環境による影響を受けなかったからです。

具体的に言うと、こうなります。

変わる部分とは、目、鼻、口、耳、肉づき。

変わらない部分とは、輪郭、額、頬骨、あご。

目、鼻、口、耳、肉づきといった部分は、環境の影響を受けやすいので、同じ人物でもよく変わります。一部分が変わることもありますし、全部が変わることもあります。それに対して、額やあごといった骨格周りは、成長期を終えると大きく変わることはありません。環境の影響を受けにくい部分なのです。

変わる部分と変わらない部分がある――。この二つがあるからこそ、顔を見ることで、その人を正確に判断することができます。

変わる部分とは、言ってみれば、その人の現在の状況を反映しています。変わらない部分とは、その人のベースとなる本質を表しています。

変わる部分に着目しながら、変わらない部分にも目を向けて、顔を通じて、その人を総合的に分析していく――。それが、相貌心理学の手法です。

まずは「顔には、変わる部分と変わらない部分がある」ことを認識すること。

顔には変わる部分と
変わらない部分がある

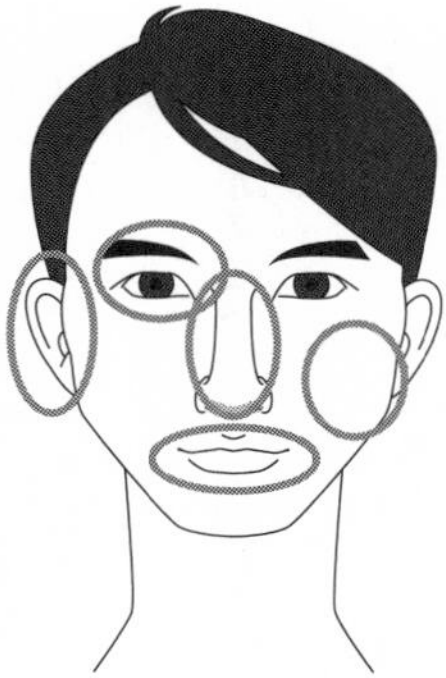

〈顔の変わる部分〉
目、鼻、口、耳、肉づき

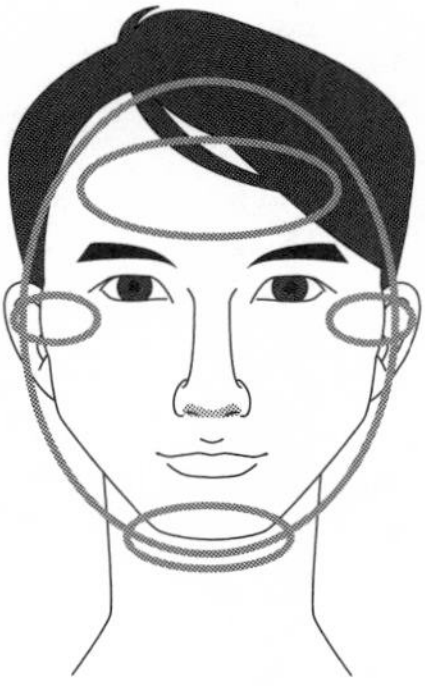

〈顔の変わらない部分〉
輪郭、額、頬骨、あご

そのうえでそこから読み取れる情報からその人を分析して、相手にきめ細やかに対応していく。そうすることで、コミュニケーションがうまくとれるようになっていきます。

顔には三つの見方がある

相貌心理学者は、顔の器官・部位、顔のゾーンや顔の輪郭に表れる情報を総合的に分析して、「この人にはこういう性格・傾向がある」と理解していきます。「顔を見れば、その人が99％わかる」というのは、本当のことです。

相貌心理学では、相手を分析するのに、三つの見方を組み合わせていきます。さまざまな角度から顔を見て「この人にはこういう傾向がある」と分析した結果は、世界に一つだけのその人オリジナルなものになります。

もっとも、相手の顔を分析すると言っても、どこをどのように見ていったらいいのかと混乱するかもしれません。

見るポイントは、顔の器官・部位、顔のゾーン（顔の中で一番面積が大きい部分）、そして顔の輪郭（どっしりか細いか）。この三つの情報を総合的にとらえて分析し、その人の顔特有の傾向を把握したうえで、適切な対応を心がけていけば、円滑にコミュニケーションができるようになります。

ちなみに、相貌心理学では、器官・部位からはその人のコミュニケーションスタイルなどを把握し、ゾーンでその人のベースとなる思考・感情・活動傾向を読み取り、輪郭からはエネルギー量を見ていきます。

もっとも、相貌心理学をマスターするには何年もかかることですので、本書では、読んだだけで「この人にはこういう傾向がある」「この人はこういう性格をしている」と、簡単に分析できるものからお伝えしましょう。

まずは器官・部位から説明します。ゾーンについては第3章と第4章、輪郭については第5章で述べることにします。

また理解しやすいように、巻末（二〇五頁）に器官・部位、ゾーン、輪郭に特徴がある有名人リストをつくりました。ご参照ください。

器官・部位には、その人のコミュニケーションスタイルが表れる

器官・部位とは、目、鼻、口、耳、肉づき、額、あごなどを指します。これらは初対面

でもパッと見ることができるので、そこに表れる情報を読み取っていけば、「この人にはこういう傾向がある」と分析できます。

この器官・部位を見るのは、特に初対面の人の性格・傾向を理解するのに有効な方法です。接客業であればお店に入ってきたお客様の顔で一番インパクトのあるのはどこかを見て、「この人にはこういう傾向がある」と分析してから、それに合った対応をしていけば、嫌がられることもありません。

器官・部位を見て、「新しいものが好きそうだ」「自分の好みにうるさそうだ」と判断することは可能です。お客様と接する時間が少ない中で、売り上げを上げなければならないサービス業の人にとっては、顔の器官・部位を見て相手の情報を読み取っていくことで、効果的な接客ができるようになります。

一つ一つの器官・部位には、必ず意味があり、その人のコミュニケーションスタイルや行動がよく表れています。

「自分の唇が薄いということは、こんな傾向があるということだな」
「目尻が上がっている人には、こんな対応をしよう」

器官・部位を見ることで、自分自身の特徴も把握することができます。もしかしたら、自分でも気づかなかった新たな一面を発見することになるかもしれません。

器官・部位から相手の特徴を理解していけば、事前に適切な接し方を把握できます。ファーストアプローチにも余裕が生まれ、コミュニケーションがよりうまくいくようになります。

器官・部位は、自分を知る、または相手を知る入口です。

一つ、見方のコツを教えます。たとえば、唇が厚いか薄いか。もし「どちらでもない。普通だな」と思ったら、その器官・部位の表出は考慮しなくても大丈夫です。なぜなら、器官・部位のインパクトが強いほど、その傾向が強くなっていくので、中間であれば、つまりはバランスが取れている＝大きな特徴はないということになるからです。

相貌心理学者はその小さな差異も考慮して分析するのですが、本書ではシンプルに考えていただいてけっこうです。みなさんは自分の感じた第一印象を大事にしてください。

自分の目や耳、鼻がどうなっているか、あるいは上司や部下、家族などで気になる人の口や肉づき、あごがどうなっているか確かめながら見ていくと、理解が進むはずです。

それでは、器官・部位を一つ一つ説明していきましょう。

目尻が下がりすぎている人は、人の意見に流されやすい

目は、知識・情報の取り入れ方を教えてくれます。

まずは目尻を見て、上がっているか下がっているかを見ていきましょう。

上がっている人は自分の興味が大事。上がるほどに自分が見たいことだけを見、自分が聞きたいものだけを聞き、人の意見を受け入れない傾向があります。

こう書くと少し悪く聞こえるかもしれませんが、たとえば、何かの目標を達成しようとするとき、いちいち人の話を聞いていたら時間もかかるし決断も鈍るので、ときとして独断も必要です。

その場合、上がっている人の表出はプラスに働きます。とは言え、気をつけないと視野が狭くなってしまうので注意は必要です。

目尻が下がっている人は、人の話をよく聞き、ものごとをしっかり見つめる力があることを示しています。しかし下がりすぎてしまうと、受け入れすぎて人の意見に流されやすくなってきます。自分で「割合下がっているかも……」と感じる人は、聞き上手もほどほどにしていくと、いいでしょう。

あなたの部下が自分の言うことを聞くかどうかは、目尻を見ればわかります。

部下の目尻が現在、上がっているなと思ったら、「自分の関心があること以外、言うことは聞かない」と理解して間違いありません。「言うことを聞きなさい」と面と向かって言う前に、「どうすれば関心を持つか」を考えることが得策です。

反対に、部下の目尻が現在、下がりすぎているのであれば、「人の意見に流されやすい」と見ていいでしょう。「上司の意見を聞く」と理解してもいいのですが、逆に言えば、優柔不断で、誰の意見でも聞く人とも言えます。

目は知識・情報の取り入れ方を教えてくれる

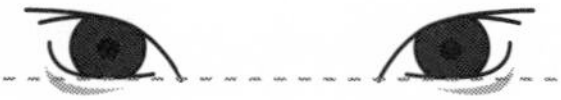

目尻が上がっている人は、
やや興味本位なところがある

目尻が下がっている人は、
人の話をよく聞く

目がパッチリ開いている人は、
好奇心旺盛

目が細い人は、
情報の選択欲求が強い

つり目・たれ目と目尻が上がっている・下がっているはよく間違えられやすいですが、明らかに異なります。特に微笑んでいる顔を見て、目尻が下がっているという印象を持ちやすいので、注意が必要です。

正しく見極めるには、顔を正面にして、目頭からまっすぐ一直線に横にラインを引いていくイメージをします。そのラインを基準にして目尻が上がっている・下がっているを判断します。女性を見る際は目尻にメイクをしている場合も多いのでご注意ください。

目がパッチリ開いている人は、好奇心旺盛

目の開き具合は、好奇心の旺盛さを表します。パッチリ目が開いている人は、とても好奇心旺盛です。逆に目が細くなればなるにつれて、情報を絞り込んで選択するようになります。

目がパッチリ開いている人は、いろいろな情報をたくさん知りたいという欲求を持っています。反面、視覚からの情報に影響されやすいミーハーな側面があります。逆に目が細い人は、ミーハーな情報には左右されず、量より質で自分にとって大切な情報だけを選択したいと思っている人です。

それでは、目が細い人は、好奇心がないのかと言うと、そんなことはありません。目が細い人の好奇心旺盛さを知る方法があります。それは、目と目の間の距離を測ること。

両目の間が目一個分よりも広い人は好奇心旺盛です。ということは、目が細くて目と目の間が一個分以上広い人は、好奇心旺盛かつ、多くの情報の中から自分に必要な情報を選び取りたいということになります。目がパッチリ開いていてかつ目と目の間が広い人は、好奇心や情報収集力はすぐれていますが、意識散漫で一つのことに集中できず、情報を一つ一つ精査する力には少し疑問符がつきます。

両目の間の広さと狭さについて、もう少し続けましょう。目と目の間が狭い人は、一つのことをやらせるととてもよくできます。しかし、二つ、三つのことを同時に進行することはできません。

部下に仕事を頼む場合、目と目の間がものすごく狭い人には一度にいろいろなことを頼むのは得策とは言えません。「A、B、C、Dをやっておいて」という頼み方をすると、おそらくパニックになってしまうでしょう。このタイプは、一つのことに集中する仕事のほうが向いているので、頼む場合は一つずつ。

複数案件の同時進行を頼むなら、目と目の間が広くて、かつ目の細いタイプの人が向いています。


こめかみが大きくへこんでいる人は、思考の堂々巡りをする

次にこめかみ。こめかみは、想像やアイデアを理論的・現実的思考に置き換える力があるかどうかを教えてくれます。

形状としては三パターンに分かれます。まっすぐ、へこんでいる、大きくへこんでいる。

「大きくへこんでいる人なんていないよ」

そう思う人もいるかもしれませんが、それは今までこめかみに着目して相手を見ていなかったがゆえです。実際に注意して見てみると、あなたの周りにもおそらくいます。

それでは、こめかみについてそれぞれ説明していきましょう。

こめかみがまっすぐな人は、想像したことや浮かんだアイデアを理論的・現実的思考にきちんと置き換える力があります。この力は、「問題が起こったときに乗り越える策を考える力」とも置き換えられます。一種の問題解決力です。

　こめかみがへこんでいる人も、思考力はあるのですが、「こうじゃなきゃいけない」という自分に対する理想がとても高く、また世の中の道徳や常識などにもとらわれやすいため、それがまっすぐな人に比べ、思考力を鈍らせる傾向があります。

　こめかみが大きくへこんでいる人は、一つのことを「ああでもない、こうでもない」と、グルグル考えてしまう。いわゆる「堂々巡り」タイプで、慎重すぎるという言い方ができます。

こめかみは実現力を教えてくれる

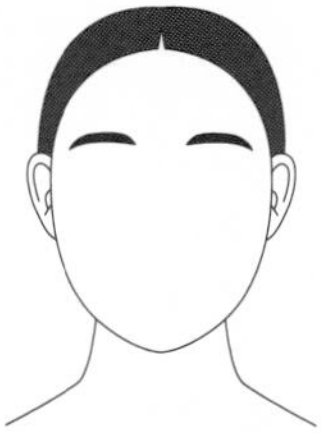

こめかみがまっすぐな人は、問題解決力が高い

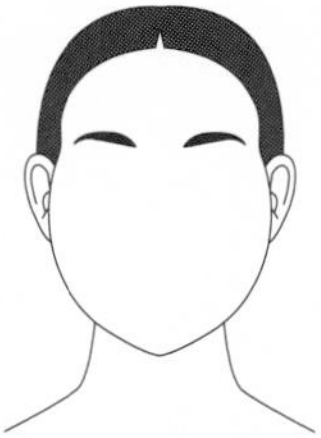

こめかみがへこんでいる人は、ルールにとらわれやすい

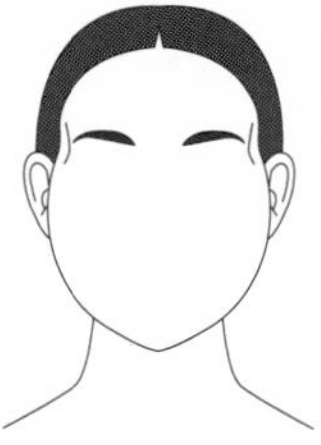

こめかみが大きくへこんでいる人は、慎重すぎる傾向がある

商談で初めての会社を訪れたとき、対応してくれた担当者のこめかみをよく見てみてください。「この人は現実的な思考ができるな」「実現は遅れるかもな……」とわかります。

こめかみというのは、相手の実現力を教えてくれる一つの指針となります。

鼻の穴が見えない人は、秘密主義

鼻の穴が見えるか見えないか。

鼻の穴が正面からはっきり見える人は、思ったことを率直に口に出します。ときとして、「あ、言いすぎた」と思うこともあるくらいです。

それに対して、鼻の穴が見えない人は、秘密主義。たとえ社交性に長けていたとしても、なかなか本心を言わない傾向があります。

アドバイスするとしたら、鼻の穴が見えている人には、「本心を言う前に少し空気を読んで」ということになり、鼻の穴が見えない人には、「建前を考えすぎずにもっとオープンに」ということになります。

仕事場で人と会ったときに、相手の鼻の穴を見ると、率直に言う人なのか、それとも秘密主義なのかがわかります。

「鼻の穴が見えないな。この人は本心を言わないな」

「鼻の穴が見えるから、思ったことをストレートに言うな」

それがわかれば、相手に合わせたコミュニケーションができるようになります。

鼻筋の傾斜がある人は、言いたいことを的確に伝える

鼻筋は、頭で考えたことを他者に伝える勢いを教えてくれます。

鼻はコミュニケーションのあり方を示す

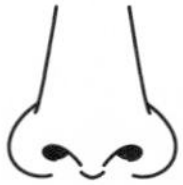

鼻の穴が見える人は、思ったことを率直に口にする

鼻の穴が見えない人は、あまり本心を言わない

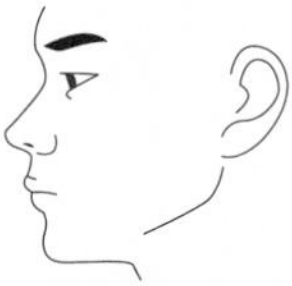

鼻筋の傾斜がある人は、伝える力がある

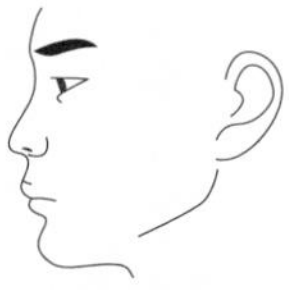

鼻筋の傾斜がない人は、やや伝えるのが苦手

横から見て、鼻筋の傾斜があるかないかをチェックしてください。

鼻筋に角度があり、しっかりピュンと出ているのが、傾斜があるということ。傾斜がある人は自分の考えや思いをしっかり相手に伝えることができます。

傾斜に角度がない、あまり勢いがない人は、自分の考えや思いを率直に伝えることが苦手で、オブラートに包んだ言い方をします。

鼻筋を見る際は、鼻の高い低いではなく、傾斜があるかないかを見てください。高く見えても傾斜のない人はいます。

また、傾斜の有無を問わず、鼻筋が波打っている人は、気分の浮き沈みが激しいタイプです。

もし部下や同僚に鼻筋が波打っている人がいたら、相手は言葉一つですぐに気分を害してしまうタイプです。声をかけるときは少し神経を使ったほうがいいでしょう。

耳が正面から見える人は、独立心旺盛

耳は、独立心を表します。正面から見えていると独立心旺盛、見えないと独立心はあまりないということになります。

見えれば見えるほど、その独立心は強くなっていきます。見えない人に関しては、現状に満足しているのであれば安定を表していますが、そうでないなら現状への妥協を表しています。

いずれにしろ、仕事で独立を目指す人などは、自分の耳に着目してください。興味深いことですが、著名なビジネスマンの場合、ほとんどと言っていいほど耳が正面から見えます。

耳は独立心を表す

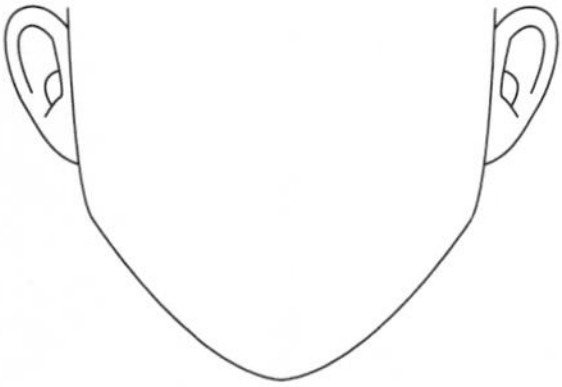

耳が正面から見える人は、
独立心が旺盛

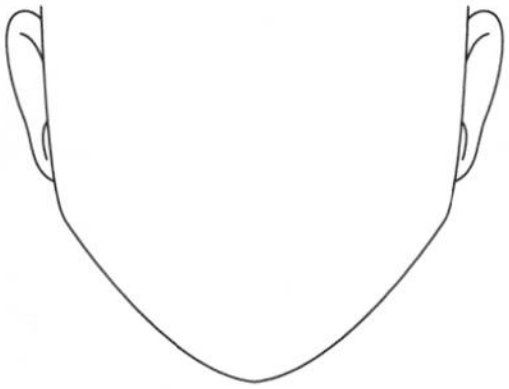

耳が正面から見えない人は、
現状維持志向

肉づきが豊かな人は寛容、薄い人は神経質

顔の肉づきは、社会生活に対する寛容性、順応性、社交性を教えてくれます。肉づきが豊かになればなるほど、それらが発揮されやすくなっていきます。肉づきが薄く、平らな面が多くなればなるほど、それらにはブレーキがかかります。

肉づきが豊かだと、誰とでもどんな場所でも寛容性、順応性、社交性を発揮することができ、コミュニケーション上手と言えます。肉づきが薄い人は、自分が選んだ環境や相手に対してだけ、それらが発揮されます。広く浅くではなく、狭く深いコミュニケーションを好みます。

ときに肉づきがボコボコしている人がいますが、とても気難しい傾向があります。寛容性、順応性、社交性が発揮されるときと、そうでないときが極端に分かれます。

肉づきは、感受性を覆うカバーとも言えます。肉づきが豊かになればなるほど感受性は鈍感になり、逆に薄くなればなるほど敏感になります。肉づきが薄い人が神経質に見えるのは、そのためです。

また肉づきが豊かな人は環境の影響に染まりやすく、肉づきが薄い人は染まりづらい傾

向があります。こう言うと、さきほどのロジックとちょっと反するように見えますが、肉づきが豊かな人は、感受性が鈍感なのになぜ環境に影響されやすいのでしょうか？

今ここに黄色の水が入った水風船があるとします。肉づきがしっかりしているAさんにこの水風船を投げると、感受性が鈍感で飛んできたことに気がつきません。水風船はパチッと当たって割れ、Aさんは黄色に染まってしまいます。

反対に、肉づきが薄い人は感受性が敏感ですから、水風船が飛んでくると、すぐに気づきます。

肉づきは寛容性、順応性、社交性を示す

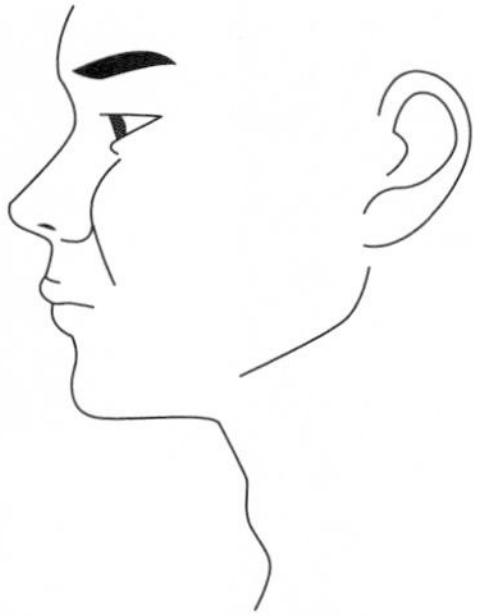

肉づきが豊かな人は、
社交性が高い

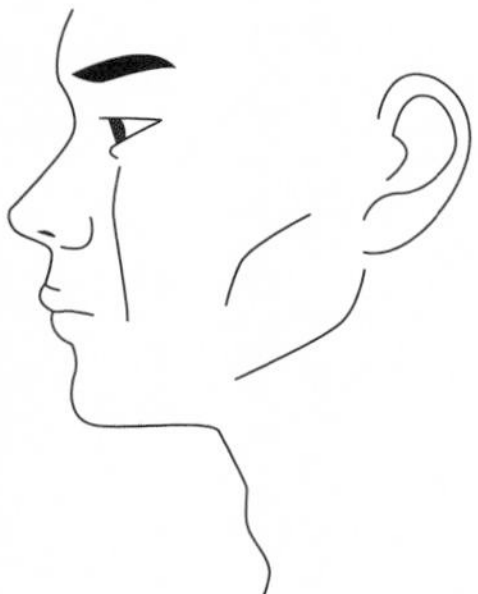

肉づきが薄い人は、
限られた相手との深い交流を好む

「うわ、飛んできた」と察知して避《よ》けるから色には染まりません。影響を受けづらいということになります。

つまり、肉づきが豊かな人は誰とでもコミュニケーションを取れるが、鈍感で環境の影響を受けやすい。

肉づきが薄い人はコミュニケーションでは相手を選び、敏感で環境の影響を受けにくい。

ちなみに、顔の肉づきが豊かとは、「太っている」とイコールではありません。正面から見たら肉づきがよさそうに見えても、横から見ると、ストンと平坦な人はかなり多く存在します。

そのような人は、コミュニケーションが自分の選んだ相手や環境に限られる、つまりは相手をはっきり選ぶというタイプです。このように相貌心理学は平面ではなく立体で見るから正確性が上がるのです。

肉づきに張りがある人は、問題解決力が高い

顔の肉づきについては、張りも見ていきます。肉づきが豊かな人の中にも、張りがある

人とない人に分かれます。

張りは、モチベーションの高さと問題に対する抵抗力を表します。肉づきがプリッとしているのは、張りのある人。肉づきがちょっとブヨブヨしているのは、張りのない人。

肉づきに張りがある人は、問題があったとき、それを乗り越えようとします。

反対に、肉づきが指で押したらムニュッと入ってしまうような人は、「ああ、ダメダメ。ムリムリ」「疲れちゃう。やめておこう」とあきらめてしまう傾向があります。問題に対する抵抗力が弱く、楽な方向に流されがちです。

会社の中で、部下に問題を乗り越える力があるのかないのかを見極めるには、肉づきの張りを見ていけば確かです。プリッとした肉づきであれば、問題が起きた場合でも、「アイツなら乗り越えられる」と任せても大丈夫です。逆に、肉づきに張りがなければ、問題解決のためにフォローしていく必要があります。

唇が薄い人は、冷淡になりやすい

口についてては、いくつかアプローチがあります。まずは唇の肉づき。

唇が厚い人は、温厚で口調も穏やかな傾向があります。相手をほめるのが上手だったり、

唇は言葉の使い方を示す

唇が薄い人は、
言葉で人を傷つけやすい

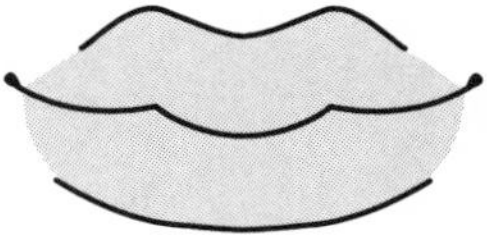

唇が厚い人は、ほめるのが上手

やる気を引き出したりする言葉を使うのが上手です。
唇が薄い人は、ときとして言葉が冷淡。言っていることは正しく的を射ているのですが、言葉が刃物になってしまう傾向があります。言葉で相手をグサッと刺してしまうことがあるので、気をつけたいものです。

自己制御力が強いか弱いかは、口の引き締まり具合を見ればわかります。
口が普段からしっかり閉じている人は、自己制御力が強い人。きちんと自制できるので仕事においてはよい傾向なのですが、あまりにもキュッと真一文字に結んでいるタイプの人は、自制が強すぎて、肝心なところで行動にストップがかかってしまうことがあります。

電車の中や横断歩道で信号待ちをしているとき、何気なく隣もしくは正面を見てみると、最近の若者に口が開いている人が多いことに気づきます。電車の中でスマートフォンに夢中な人の口を見ると、やはり口が開いていたりします。

こういう人は、自己制御力が弱いと見ていいでしょう。特にポカンと開いている人はやってはいけない場所でやってはいけない行為をしてしまったり、言ってはいけないことを言ってしまったりする傾向があります。

反面、口が少し開いている人は相手に寛容な印象を与えます。グラビアでアイドルの口が半開きになっていることが多いのは、いい意味でスキをつくり、読者に受け入れられやすくしているからです。

口角が上がっている人は、ポジティブ

口角が上がっているか下がっているか。これは、心の動向を表します。

口角が上がっている人は、楽観的でポジティブ思考です。口角が下がっている人は、悲観的でネガティブ思考です。

会社で「アイツの言うことは正論なんだけど、ストレートすぎるよな」と思う部下がいたら、唇の厚さ／薄さを見てみましょう。おそらくその人の唇は薄いはずです。

あるいは「アイツ、いつもハメを外すんだよな」と思う部下がいたら、口の閉じ具合を見てみます。おそらくその人の口は開いているはずです。

また「アイツ、大きな問題が起きても前向きだよな」と思う部下がいたら、口角を見てみます。おそらくその人の口角は上がっているはずです。

額がまっすぐな人は、とても頑固

次に変わらない部位についてお話ししましょう。初めに額。

額の傾斜は、ズバリ思考の傾向を表します。

額の傾斜は前髪を上げ横顔を見ると、はっきり識別できます。横から見て傾斜している。横から見てまっすぐ。あるいはイルカのように丸くなっている。このいずれかに分けられます。

額の傾斜は、思考の速さを表します。

傾斜が強くなればなるほど、思考のスピードは速くなります。速いのはよいことなのですが、その反面、思慮の浅さがあるとも言え、過度な傾斜は他者に対する配慮が欠如していることを表します。

額がまっすぐな人は、ものごとを深く掘り下げて考えることに重きを置いています。その一方で思考のスピードは遅くなり、頑固さも表れます。額がまっすぐに近いほど、頑固。ゆえにときに行動まで遅くなる傾向が見られます。

額の傾斜は思考の傾向を表す

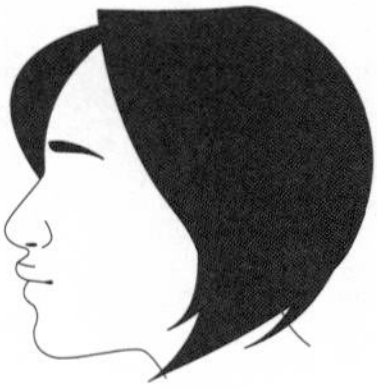

額が傾斜している人は、思考のスピードが速い

額がまっすぐな人は、熟考型

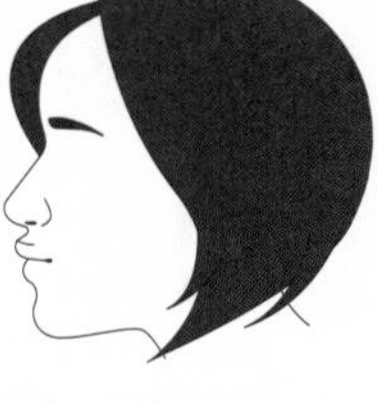

額がぷっくりしている人は、想像力が豊か

イルカのようにぷっくりしている人は、想像力がものすごく豊か。想像力が豊かすぎるがゆえに妄想気味になる場合もあります。想像力の塊である幼児はイルカ型が多く、成長とともに傾斜かまっすぐか、そのままイルカ型かの傾向に分かれていきます。成長期を終えると、その後の変化はほとんどありません。

額がぷっくりしている人は、時間をかけてものごとに取り組む

あなたの部下に仕事を頼む場合、額が傾斜しているのかまっすぐなのかによって、どんな仕事を振るのが効率的か、どれくらいの時間を見積もればいいかがわかります。

額の傾斜がある部下に仕事を頼む場合、急ぎの仕事を短時間でやってもらうといいでしょう。

額がまっすぐな部下に仕事を頼む場合、深いテーマをある程度の時間をかけてじっくりとやってもらうのが効果的です。

額がぷっくりしている部下に仕事を頼む場合、ゼロから1を生むような創造的な仕事を、なるべく時間を気にせずにやってもらうのが向いています。

額の傾向を知らないと、自分がイライラすることになります。

額がまっすぐな部下に仕事を頼んだところ、なかなか上がってこないので、「アイツ遅いな」とイライラしても、本人はじっくり考えてその仕事に向き合っています。時間が許されるのであれば、「アイツはしっかり考えている」と理解してあげるだけで、自分のイライラが減っていきます。

額がぷっくりしている部下に十分な時間を与えて仕事を頼んだのに、一向に完成しないとすれば、本人がもう夢想の世界に入っているのかもしれません。どっぷりはまってしまっているので、ときに現実に引き戻すことも必要になります。

仕事が速いはずの額が傾斜している部下に仕事を頼んだのに、まったく仕上がってこないとすれば、これは問題です。頼んだ仕事以外の何か別の問題があることが考えられます。

傾斜、まっすぐ、ぷっくり。この三つによってこのように思考のスピードと傾向が違うことがわかります。

あごが前に出ている人は、野心を実現させやすい

変わらない部位の次が、あごです。見るのは、あご先。

あご先が細くとんがっているか、もしくはしっかり平らな面があるか。あご先の形状は

あごは野心の大きさを表す

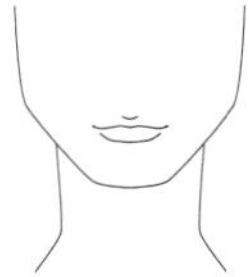

あごが平らな人は、野心家で自信家

あごが細い人は、野心がない

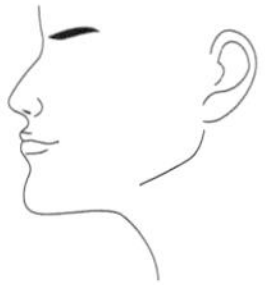

あごが前に出ている人は、野心を実現する力がある

あごが引っ込んでいる人は、野心の実現に後押しを必要とする

野心の大きさを表します。

あご先が平らでしっかりどっしりしている人は、野心があり、自分にも自信があるタイプ。

一方のあご先がとんがっている人は、あまり自分に自信がなく、野心もないという人がほとんどです。自分に自信がないから、「スゴイことができる」と思っていないし、積極的な行動もしようとしません。

野心の大きさの次は、その実現力。横顔からあごを見ていきます。基準は眉頭よりあごが前に出ているか出ていないか。

あごが前に出ている人は、自分自身の力で野心を実現できる能力があります。

あごが引っ込んでいる人は、後ろから誰かが押してくれる、もしくは何かバックボーンがないと、一人だけで自分の野心を実現するのはなかなか難しいタイプです。

大事なことは、野心の「大きさ」と野心の「実現力」とでは別の問題であるということ。それには前と横からあご先を見る必要があります。

頬骨が張っている人は、愛情深い

額やあごが変わらないのは、骨格に類するからです。骨格は成長期を過ぎると、環境の変化やストレスなどによって大きく変化することはありません。

変わらないゆえに、その人の本質が表れるし、読み取ることができる。そう言っても過言ではありません。

顔の骨格で次に注目すべきなのは、頬骨。

頬骨が表すのは、社会的欲求、そして愛情欲求です。頬骨が張っているタイプ、頬骨が

頬骨は社会的欲求、愛情欲求を示す

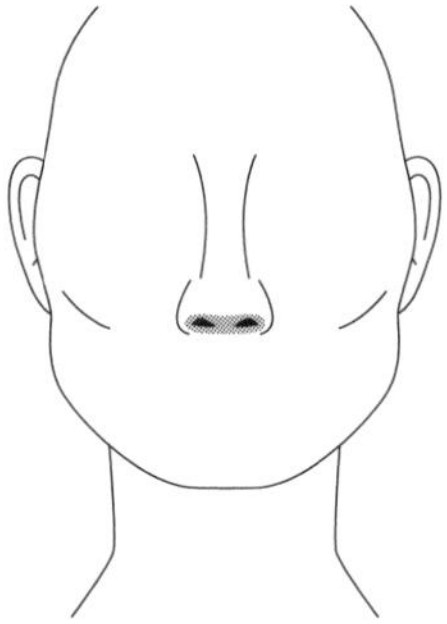

頬骨が張っている人は、愛情深い

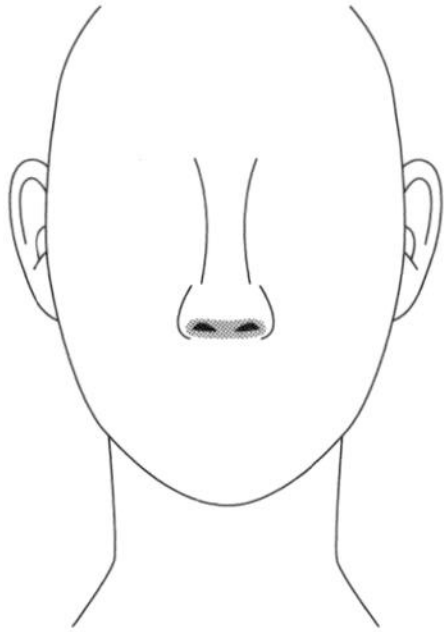

頬骨が張っていない人は、
愛情欲求が強くない

張っていないタイプに分けると、あなたはどちらに当てはまるでしょうか。

頬骨が張っていれば張っているほど、社会的欲求、愛情欲求が強くなってきます。その分愛情深いのですが、張っているほど相手にまでその欲求を押しつけがちになります。満足を知らない頬骨と言えます。

逆に、頬骨が張っていないタイプは、社会的欲求、愛情欲求がそれほど強くはないということになります。

一例として、頬骨が張っている人は愛情の分かち合いを求め、慈善活動などにも積極的に参加します。それは素晴らしい活動で、本人もよかれと思い行っていますが、実は慈善活動をしている自分に満足している傾向があり、相手が本当に幸せかどうかは二の次になってしまうときがあります。自分の頬骨が張っていると思う人は、自分のやさしさが相手への押しつけになっていないか、相手の立場や状況を考慮してみてください。

寒暖差で顔は変わる

顔の成形に大きな影響を与えるものに、前に述べたように環境が挙げられます。

まずは「家」を例にして考えてみましょう。暖かい地域と寒い地域では、同じ家でもつくりがまったく違うものです。

暖かい地域では、家の窓は大きく開け放たれています。建物の壁も温暖だから薄くなっています。

対照的に、寒い地域では、建物の壁が厚くつくられています。窓も小さく、どことなく閉鎖的です。

この家の構造を、そのまま顔のつくりにそっくり当てはめることができます。

暖かい地域に住む人の顔は、目、鼻、口がパッと大きく開いています。つまりは開放的。ダイナミックで朗《ほが》らかな感じです。

一方、寒い地域に住む人の顔は、目、鼻、口が外に対して閉じています。どちらかと言うと、閉鎖的な傾向があり、近寄りがたさを感じさせます。

環境が顔に与える影響は、想像以上に大きいものです。また同じ人間でも、どこで育つか、どこに住むかによってもかなり変わってきます。

環境とひと口に言っても漠然としすぎていますが、相貌心理学的には大まかに二つに分けることができます。

一つは、文字どおりの住環境。

もう一つは、人間関係。

前者については家のつくりのところで説明したので、後者についてもう少し詳しくお話しします。

外部刺激が顔の変化をもたらす

人は毎日、たくさんの人とコミュニケーションをしています。そのかかわりの中でお互いに影響を与えたり、また与えられたりしています。

成果を出している人を目の当たりにして、「あの人のように頑張ろう」と大いに刺激を受けたり感化されたりすると、内面が変わります。その外部刺激による内面の変化が、顔の器官・部位に影響を及ぼします。

たとえば、口角が上がったり、目尻が上がったり、耳が正面から見えるようになったり、肉づきが豊かになったりしてきます。「変わる部分は目・鼻・口・耳・肉づき」と言いましたが、外部刺激によってこうしたところが変わっていきます。

極端な例で説明してみましょう。

「言われたとおりに動けばいい」

このように上司のコントロールが強い職場にいれば、部下は必然的に指示待ちになります。やる気も独立心も旺盛だったとしても、「あの人の言うことに従っていればいいんだ」と、次第に仕事に対して消極的になります。その内面の変化が、「正面から見えていた耳が隠れる」「目尻が下がる」という外形の変化に収斂されるようになります。

「責任は私が持つ。自分で考えて行動しなさい」

逆に、上司が自主性を重んじるスタンスを貫くとしたら、当然ながら、部下の内面も変わっていきます。指示待ちだった部下も、どうしたらうまくいくか試行錯誤したり、難しいことにもチャレンジしたりするようになります。その内面の変化が、「細かった目がパッチリ開く」「肉づきに張りが出る」という外形の変化に結びついていきます。

生まれたときの環境は、選ぶことはできません。しかしながら、大人になってからは自分自身で選ぶことができます。

住環境、人間関係の両方ともです。その環境が内面に影響を及ぼし、顔の目・鼻・口・耳・肉づきといったところを変えていきます。


ちなみに、大人以上に環境による顔の変化が生じやすいのが、子どもです。子どもの場合、身体的成長によって顔が変わっていくと思われがちですが、むしろ環境による影響のほうが大きいと言えます。

幼少期の子どもは、親や先生といった大人の言うことをよく聞きます。このときの大人のコミュニケーションスタイル（子どもにとっての外部刺激）によって、子どもの顔が大きく変わっていってしまうのです。

大人が指示や命令を出してばかりいれば、子どもの耳が正面から見えなくなります。反対に、自主性を重んじるようにしていれば、子どもの耳が正面からしっかり見えるようになってきます。

環境によって、顔は変わる——。このことはもっと認識してもらいたいことです。

整形しただけでは人生は変わらない

「顔が変わると、人生が変わる」

そんなふうに言うと、「整形すればいいのか？」という疑問を持つ人がいるかもしれません。相貌心理学者として、整形を勧めているのでないことは、あらかじめ強調しておきます。

整形をすれば、顔は変わります。今は技術が進化していますから、顔のお直しは簡単にできてしまいます。

もっとも、それはあくまでも顔の外形が変わったにすぎません。整形手術で顔を直した人のその後は、おおむね次の二つに分けられます。

外形が変わったことで「きれいになったわね」と周りから言われて、自分に自信が持てるようになった人は、積極的に行動するようになります。そういう人は、「顔が変わった自分＝本当の自分」と思えるようになるでしょう。以前の自分とは心も顔も見違えるように変化していきます。

その一方で、本人が望んだとおりの顔にしてもらって、せっかく周りから「きれいになったわね」と言われたにもかかわらず、「本当かな？」と疑心暗鬼になってしまう人もいます。顔は変わっても、自信を持てず心は変わらないまま。それでは以前の自分と同じ人生を続けていくことになります。

そのことを指摘したのが、アメリカの整形外科医マクスウェル・マルツ博士です。マルツ博士は、第二次大戦後、たくさんの女性に整形手術を行います。

術後の反応は、大きく二つに分かれました。前述したように、自信を持ち人生を好転させていった人と、自信を持てずに人生を変えられなかった人。

数々の臨床の結果、マルツ博士はこのように結論づけます。それは、「どんなに顔を変えても、内面が変わらない限り人は変わらない」と。

整形したことで人生が変わった人は、外見の変化よりもむしろ内面の変化による影響が大きいと言えます。内面が変わったことで対人関係という環境が変わり、自分の人生を変えていけるのです。

逆に、整形しても人生が変わらない人は、外見は変わっても「顔が変わった自分は本当の自分ではない」というネガティブな気持ちが大きく、術前の「こんな顔は嫌だ」と思っていたころと比べて、内面の変化がありません。これでは環境も変えられないし、ひいては人生を変えることもできません。

私自身は「整形がよくない」と言うつもりはありません。するもしないも、個人の自由です。ただ整形によって顔を変えることが人生を変えるという単純な話ではないことを指摘したいだけです。

内面が変わるから、顔が変わります。また人生も変わっていきます。

これが、「相貌心理学の大原則」なのです。

器官・部位に表れる特徴を統合する

この章のおさらいも兼ねて、ここで次ページに載せたA、B、Cに関する二つの質問とその答えが、どうして導かれたのかを考えてみましょう。

まずはトラブルを起こしやすいと判定したAについてです。

この人の自己主張の強さは、頬骨の突出でわかります。環境や他者への寛容性、順応性が低いのは、輪郭の細さと、肉づきの平坦さから見て取れます。自己の野望を実現させるために周りに多大な要求をすることは、過度な頬骨の突出が示します。これらの分析により、Aがトラブルを起こしやすいと判断しました。

もちろん、プラス面もあります。どっしりとしたあご先が示す豊富な野心、過度な頬骨の突出が示す貪欲さが相まって、大きな契約を取ってくる、あるいは権威ある賞を獲得するといった、周りがビックリするようなことを成し遂げる力も持っています。

トラブルを起こすかもしれないけど、大きなこともやる……。そんな諸刃の剣的なところがあるのが、Aです。

次はBについてです。意志の強さと問題を乗り越える能力や責任感があることが目尻の上がりと肉づきの張りと豊かさから見て取れます。好奇心旺盛なのは、目と目の間が開いていることから、アイデアを現実的思考に置き換える力は、こめかみがまっすぐなところから判明します。こうした分析により、チームをまとめ上げる力を持っていて、安心して仕事を任せられるのはBだと結論づけられます。
ときに責任感が強すぎるあまり、思っていることを率直に言ってしまうこともあります。

A

B

C

写真提供：iStock

Q1 この中で一番、仕事を任せられるのは、誰？
Q2 この中で一番、トラブルを起こしやすいのは、誰？

（答え：**Q1**は**B**、**Q2**は**A**）

そのことは、鼻の穴が見えることからうかがい知れます。

もっとも、唇の締まりが自制力の高さ、また唇の肉づきの豊かさが相手を包み込むような言葉を発することを示します。言われたほうが傷つくような言い方はしないタイプです。

A、Bと比べると、やや個性が薄いのがCです。肉づきの平坦さから、Cはコミュニケーション欲求があるものの、限られた少数の相手と付き合うタイプだと分析できます。あご先がどっしりしていることから、野心は豊富。こめかみが真っすぐなところからアイデアを現実的思考に置き換える力も持っています。

とは言え、目尻の上がり、肉づきの平坦さが自分の興味があることにしか食指を伸ばさない傾向があることを示します。決して仕事ができないということではなく、マイペース型と言えるかもしれません。

このように個別の器官・部位に表れる特徴を統合していくと、その人の傾向やコミュニケーションスタイルが見えてきます。

器官・部位の特徴から読み取る性格・行動のプラスとマイナス

額	●**傾斜している**→思考のスピードが速い／ときに早合点で他者への配慮に欠ける ●**まっすぐ**→ものごとを深く掘り下げて考える／即答性には欠け、頑固である ●**ぷっくりしている**→想像力が豊か／妄想気味になる
目	●**目尻が上がっている**→興味があることを追求する／人の意見を受け入れず視野が狭くなる ●**目尻が下がっている**→人の話をよく聞き、ものごとを見つめる力がある／人の意見に流されやすい ●**パッチリ開いている**→好奇心旺盛で多くの情報を集めるのが得意／目で見たものに影響されやすくミーハーなところがある ●**細い**→量より質でものごとを自らの目でしっかり選択する／選択欲求が強い ●**目と目の間が広い**→好奇心旺盛で、多くの情報を集めるのが得意／意識散漫で一つのことに集中できない ●**目と目の間が狭い**→一つのことへの集中力がある／一度に多くのことに目を向けられない
こめかみ	●**まっすぐ**→想像やアイデアを理論的・現実的思考に落とし込める力がある ●**へこんでいる**→思考力がある／常識にとらわれやすい ●**大きくへこんでいる**→一つのことに固執し、堂々巡りになりやすい／慎重である
耳	●**正面から見える**→独立心が強く、現状に妥協しない ●**正面から見えない**→事なかれ主義で、現状に妥協をしている／現状に満足している
口	●**唇が厚い**→温厚で口調も穏やかである ●**唇が薄い**→的確な反面、口調が冷淡になりがちである ●**開いている**→自己コントロールができない／適度な開きは寛容な印象を与える

口	●**閉じている**→自己コントロールができる／自制が行動にストップをかけてしまうことがある ●**口角が上がっている**→ポジティブ思考である ●**口角が下がっている**→ネガティブ思考である
鼻	●**穴が見える**→思ったことを率直に口にする／口に出しすぎデリカシーに欠ける ●**穴が見えない**→本音を言わない秘密主義／本心を悟らせない ●**鼻筋の傾斜がある**→自分の考えや思いをしっかりと相手に伝えることができる／ときとして強引に伝える傾向がある ●**鼻筋の傾斜がない**→自分の考えや思いを率直に伝えることが苦手である／控えめである ●**鼻筋が波打っている**→他人の言葉や情報に敏感である／気分を害しやすい
肉づき	●**豊か**→他者に対し寛容性・順応性・社交性がある／環境や他者からの影響を受けやすく鈍感である ●**薄い**→他者に対し寛容性・順応性・社交性がない／自分が選んだ相手には深く心を開く ●**ボコボコしている**→情熱的／感情の変化が激しく気難しい ●**張りがある**→モチベーションが高く、問題への抵抗力が高い／過剰な張りは落ち着きのなさにつながる ●**張りがない**→モチベーションが低く、問題への抵抗力が低い／同調性は高いが、問題が起きたらあきらめる
頬骨	●**張っている**→愛情欲求が強い／張りが大きいほど相手に愛情欲求を押しつける ●**張っていない**→愛情欲求が強くない／他者に押しつけることもしない
あご先	●**どっしりしていて横から見て前に出ている**→野心とその実現力がある／自分の意見を相手に押しつける傾向がある ●**どっしりしているが、横から見て引っ込んでいる**→野心がある／野心の実現には社会的な後ろ盾や、他人の存在を必要とする ●**細くとんがっている**→野心はなく、自分も他人もあまり信用しない

第3章

顔は三つのゾーンに分けられる

三つのゾーンとは？

この章では、顔の三つのゾーンの見方をお伝えします。

相貌心理学では、顔のどこが大きく広がっているかを観察することによって、みなさんの原動力、モチベーション、つまりは何によって満足感を得られるかということがわかります。

それらの源泉を教えてくれるのが、「拡張（一番面積が大きい）しているゾーン」です。これは、成人してからは大きく変わることがありません。

顔は「思考」「感情」「活動」の三つのゾーンに分けることができます。

額の一番上から目の下までが、思考ゾーン。思考に関することを教えてくれます。

次に、目の下から唇の上までが、感情ゾーン。コミュニケーション、愛情に関することを教えてくれます。

最後に、唇の上からあご先までが、活動ゾーン。行動や本能に関することについて教えてくれます。

顔を三つに分割したときに一番拡張しているゾーンの特徴が、その人のパーソナリティーとして最も強く出ることになります。
額の上部から目の下までが一番拡張していれば、その人は思考ゾーンの特徴を多く持っています。同じように、目の下から唇の上までが一番拡張していれば、その人は感情ゾーン、唇の上からあご先までが一番拡張していれば、その人は活動ゾーンということになります。
器官・部位に表出した特徴にプラスして、この拡張しているゾーンによるタイプ分析を

顔を三つに分割する

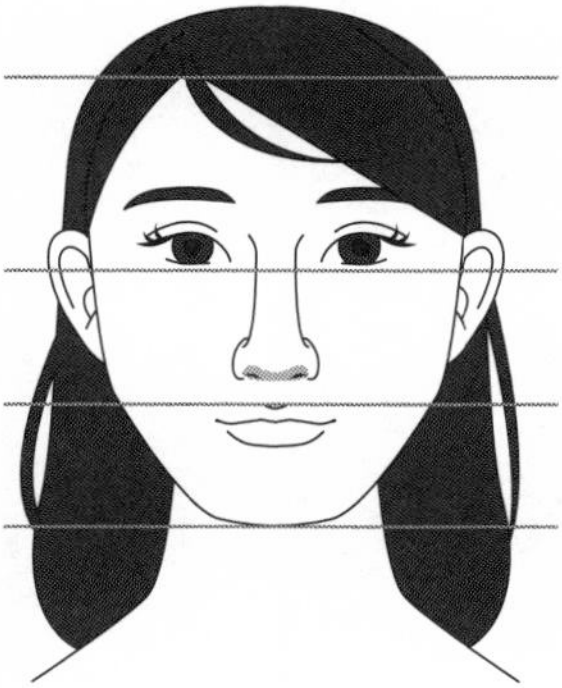

額の一番上から目の下までの
面積が大きい人は、思考ゾーン。

目の下から唇の上までの
面積が大きい人は、感情ゾーン。

唇の上からあご先までの
面積が大きい人は、活動ゾーン。

用いると、よりその人の本質を把握することができます。

では早速、思考ゾーン、感情ゾーン、活動ゾーンのそれぞれの特徴について説明していきましょう。

知的優位か、感情優位か、利益優位か

思考ゾーンが拡張している人は、額や目にインパクトがある逆三角形タイプ。

知識と美的センスが、満足の源。知識や教養、視覚から入る情報が好奇心を刺激し、行動の原動力となります。

思考ゾーンには、目が含まれています。自分の目で見た情報には敏感に反応し、特に美しいものを見ること、たとえば、アートの鑑賞などを好みます。

想像力も豊か。知的想像力を刺激するものに満足感を覚えます。ときに想像力が豊かになりすぎて、妄想、空想に走ってしまうという傾向もあります。

また理論、理屈でものごとを考えるのが得意。理想主義的な面も見られます。

次に感情ゾーンが拡張している人は、頬骨がしっかり張っている六角形タイプ。

コミュニケーションと感情の共有が満足の源。気持ちの共有、分かち合いが、行動の原動力になります。コミュニケーション能力に長けている人が多く、活動範囲を積極的に広げるのを得意とします。

同時に自分の存在価値を認められたいという思いがとても強いタイプです。「自分はみんなのことが大好き。だからみんなも私のことを好きになって」という承認欲求です。

感情でものごとを判断するので、客観性に欠けることがあります。善し悪しは別にして、何ごとも好き嫌いで選んでしまう傾向があります。

活動ゾーンが拡張している人は、あごや口周りにインパクトのある台形タイプ。傾向としては、日本人には少ないタイプです。物欲、食欲など本能に基づく活動が満足の源。物質的価値や現実的な利益、目標や数字が行動の原動力です。

活動ゾーンが拡張している人は器用です。道具の扱いに長け、日曜大工や料理に編み物、洋裁などが得意。お金の扱いも上手。グルメな人が多いのも特徴です。

物質主義・現実主義で、目に見えない名声より、モノやお金など形あるものを求めます。使えるか使えないか、実用価値を判断する能力にも長けています。これは人に対しても同じ傾向があります。

次からは、この三つのゾーンについて仕事を例に比較してみましょう。

ゼロから1を生み出す「思考ゾーン」

思考ゾーンが拡張している人は、想像力が豊か。ゼロから1を生み出す仕事が得意です。

もしもこのタイプが部下の場合、仕事を頼むポイントは二つあります。

一つは「その仕事をすることの意義を明確に説明し納得させる」こと、もう一つは「その人が持っている実力・能力よりもレベルが少し上の仕事を頼む」ことです。

思考ゾーンの人は、何ごとも理解しないと受け入れません。仕事を頼まれたときも、その目的や意味を理解しようとするので「これ、やってくれないかな?」とだけ頼んでも「目的はなんですか?」「誰に対してのものですか?」と疑問を抱き、納得しない限り、心から受け入れようとしません。回答は必ず明確にすることが重要です。

知ったかぶりは絶対にNGです。適当な答えを言うと、一気に軽蔑されます。

思考ゾーンの人には、知らないことは「知らない」と素直に言ったほうが得策です。知らないことをバカにすることはありませんし、逆に教えてもらう姿勢を見せる人に対しては、相手が理解するまでわかりやすく説明してくれます。

　また思考ゾーンの人は、知的好奇心が刺激されないとモチベーションが上がりません。自分の能力や実力よりもレベルが下のことを頼んでしまうと、「過小評価されている」と感じ、仕事への好奇心が湧きません。

　自分の実力・能力を超えられるか超えられないかという仕事をチャレンジとしてとらえ、積極的に取り組んでいきます。「どうすればいいか?」と想像力を駆使し、理想の実現の

思考ゾーンの顔は逆三角形

額の上部から目の下までが拡張している

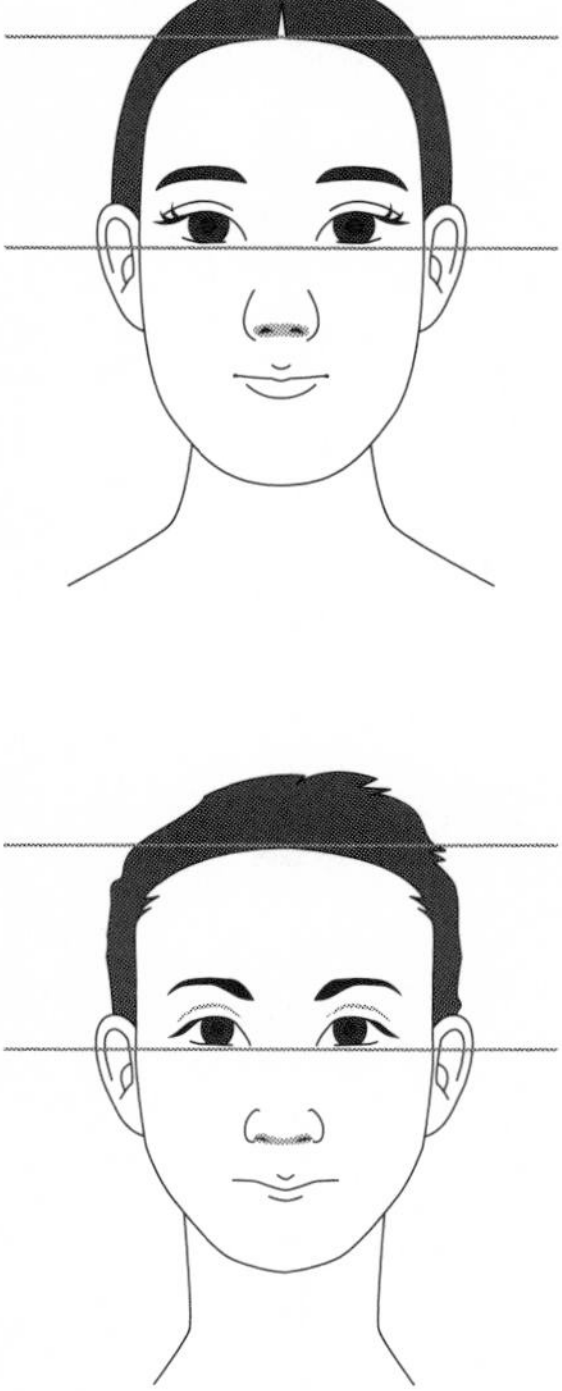

思考ゾーンの人は、知的でアイデア豊富

ため、あらゆる方法を考えます。

このタイプの部下には、実力や能力よりもレベルがちょっと上の仕事を与えましょう。その人の実力・能力からあまりにかけ離れたハイレベルの仕事を渡してしまうと、想像力の豊かさがマイナスに働き、「ムリムリ」「これは絶対にダメだな」と、頭の中であきらめて、早々に白旗を揚げてしまいます。

「少し上」「少し上」を意識させることによって、最後は才能が開花するのが思考ゾーンの特徴です。

また人から「ああしろ」「こうしろ」と言われることが大嫌いです。よかれと思っても、あれこれ言わないほうが賢明です。レベルが上の仕事に取り組んでつまずいたときにだけ力になってあげる存在になると、とても喜ばれます。

あなたが営業担当で、思考ゾーンのお客様に車を売りたいケースを考えてみましょう。このタイプの人には、車の機能や特性について詳しく説明していくことがポイントです。自分の目で見た情報を好むので、カタログなどがあれば見せながら説明するのもよいでしょう。

それに対し、「これは何？」「どうやるの？」「どうしてこうなっているの？」と矢継ぎ早な質問が来た場合は、あなたは的確に答えなければいけません。もちろん知ったかぶりはNGです。適当な返答は相手を苛立《いらだ》たせます。

説明に納得してもらったら、次は好奇心を刺激するイメージづくり。想像力が豊かですから、それをうまく刺激していきます。

「この赤いスポーツカーで海辺を走ったら、青い空と海に赤が映えて素敵ですよね」なるべく具体的にそのシーンを想像させ、購買意欲をかき立てていきます。イメージVTRなどがあれば、それを見せるのも効果的です。持ち前の想像力で自分をその映像の中に投影させ、購入イメージを膨《ふく》らませます。

自分の気持ちを大切にする「感情ゾーン」

感情ゾーンの人は、その能力を発揮するには気持ちの高まりや「好き」といった感情が原動力となります。

感情ゾーンが拡張している人は、自発性、情熱もすべて感情次第。良好なコミュニケーションを保つなら、個人的な話題やつながりを持つことが大切です。

たとえば、仕事をしているときでも「お母さん、お父さんは元気?」「子どもの受験、親も大変だよね」と、プライベートなことも聞くと、コミュニケーションがスムーズにいくようになります。特に共感や分かち合いが好きなので、共通の話題があると一気に距離が近くなります。

もしもこのタイプが部下の場合、存在価値を認めてあげることがポイントです。

感情ゾーンには耳があります。耳から入る言葉や情報に敏感に反応して、意気に感じて行動します。「君にしかこの仕事はできないんだよ」と、相手を認めるほめ言葉、日本的に言えば一種のおだてによって、才能が開花するとも言えます。

また鼻も感情ゾーンに位置しています。「鼻が膨らむ」と言われるように、鼻は感情がダイレクトに表れやすい器官でもあります。鼻の状態は、その人の感情を正直に反映します。

感情ゾーンのお客様に車を売りたいケースを考えてみましょう。このタイプの場合、車そのものよりもまずは相手と感情を分かち合うことを優先します。

「まだまだ育児に時間を取られてしまいますよね。自分一人の時間がなくて大変じゃないですか。でも、車に乗ると一人だけの時間がつくれますよ。お子さんと一緒に乗るのも楽しいですが、一人でドライブするのもいいものですよ」

このように相手に共感していきます。

「あ、この人は私のことをちょっとわかってくれている。いい人かもしれない。買うならこの人がいいかな……」

商品よりもまずはあなた自身を気に入ってもらえるように心がけると、購買に近づいていきます。

感情ゾーンの顔は六角形

目の下から唇の上までが拡張している

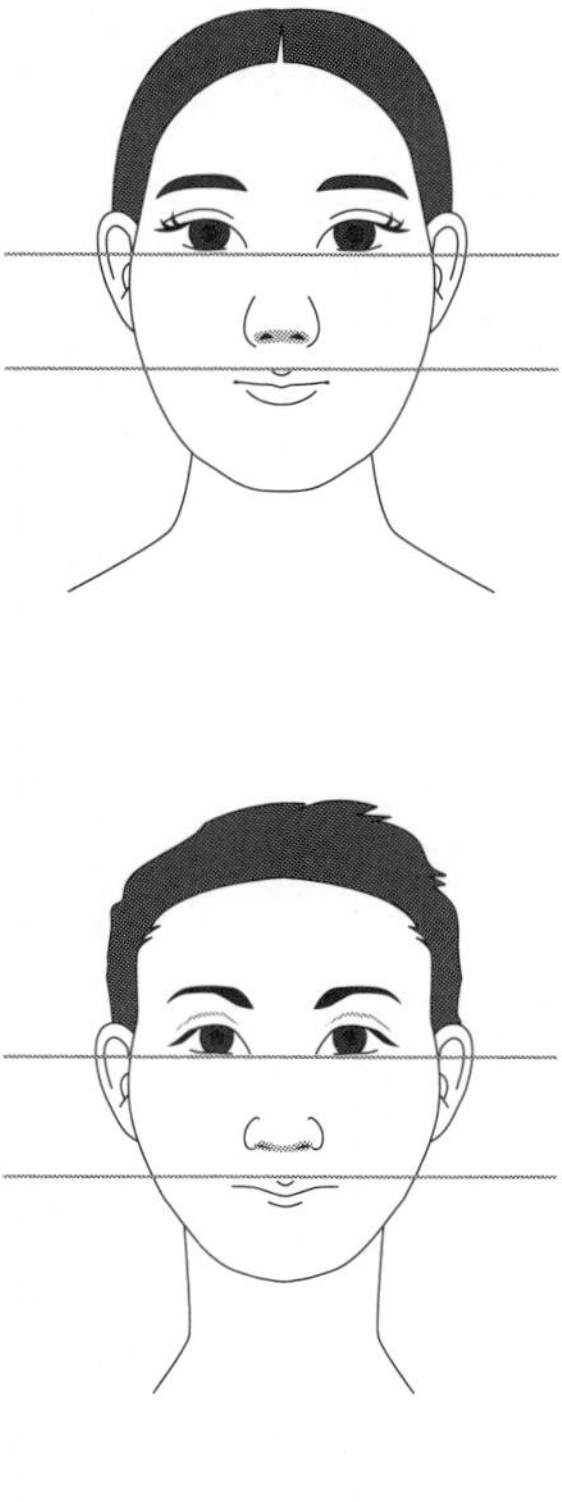

感情ゾーンの人は、共感力が高く、ほめられると伸びる

気をつけなければならないのが、感情ゾーンの人は往々にして「ただの気持ちの分かち合い」で終わってしまうケースがあること。「この人と話ができて楽しかった」で満足して帰ってしまい、次回は別の店に行ってしまう場合もあり得ます。

ですので「この人は買ってくれるのか、買ってくれないのか？」という見極めは慎重に判断する必要があります。もしお客様が迷っているのならば、性能や価格よりもお客様の好みの車を後押ししてあげる、そして「実は私もこの車が一番好きなんです」と好みを共感してあげること。一度仲よくなれば、長いお付き合いになりやすいのも感情ゾーンのお客様の特徴です。

数字を追うのが大好きな「活動ゾーン」

活動ゾーンの人は、思考ゾーンとは正反対の現実主義。目の前にある1を2、2を3に拡大する仕事が得意です。

活動ゾーンが拡張している人は、三つのゾーンの中では一番ビジネスライクとも言えます。

活動ゾーンの人が部下の場合、目の前に見える現実や数字がすべてなので、抽象的なイメージやコンセプトを連発しても、「何が言いたいんですか?」と、理解ができません。

また、目に見える仕事や「こうやれば、ああなる」というプロセスがはっきりした仕事には理解し興味を示しますが、新しく何かを発想しなくてはならない仕事には今一つモチベーションが上がりません。展開は得意ですが、創造は不得意。

もしもこのタイプが部下の場合、成果主義が合っています。「頑張ったら、お給料が増える」「ポジションが上がる」というような、目に見える価値があるとモチベーションを

活動ゾーンの顔は
台形

唇の上からあご先までが
拡張している

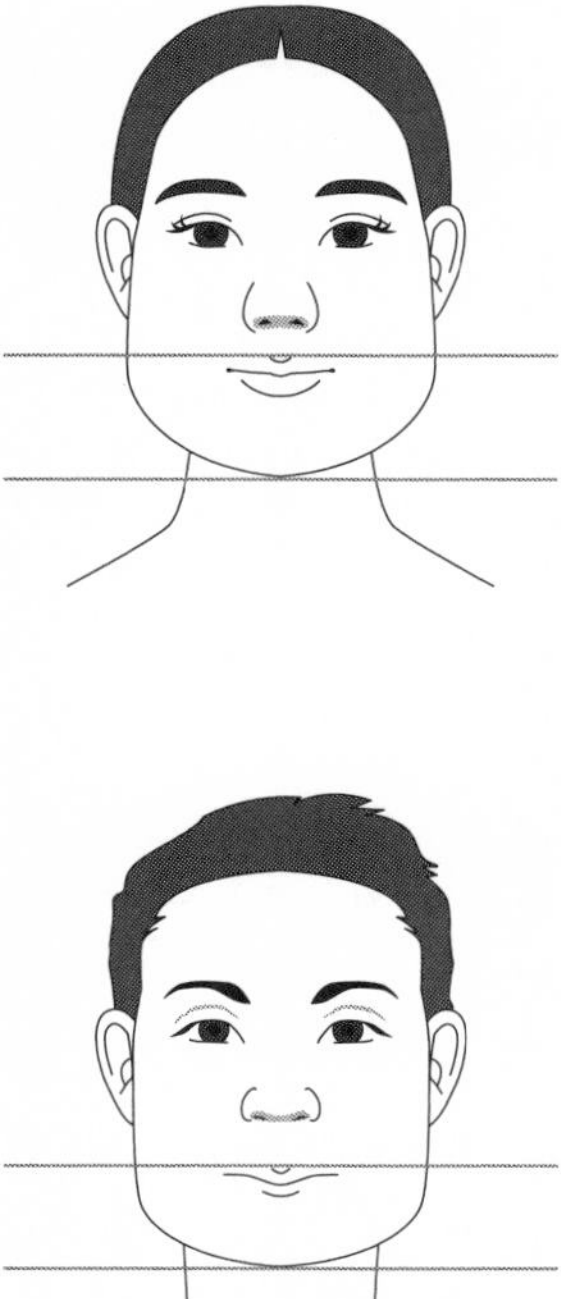

活動ゾーンの人は、
現実主義で実益を重視

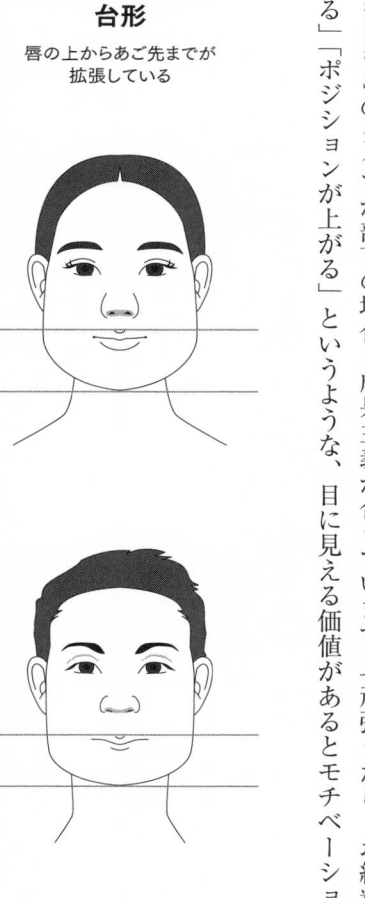

上げ、目標設定や数字を達成しようとします。注意としては、目標や数字が本人の日常感覚とかけ離れすぎていないこと。想像力に欠けるので、自分の中の現実を超えたものにはピンとこなくなってしまいます。

あなたが活動ゾーンのお客様に車を売りたいケースを考えてみましょう。このタイプの人には、コミュニケーションで前置きを長くするよりも、実際に試乗してもらうのが一番です。商品に直接手で触れて体験してもらうことで、よさを実感してもらいます。

「とても座り心地がいいですよね?」「ドアの開閉がラクですよ」と、とにかく触ってもらいます。このタイプはモノとのコミュニケーション、自分の手で触れることを好みます。

最後の一押しで効果的なのはお値打ち感や特典といったお得感。

「ここだけの話ですけど、今買うと△万円引きです」

「本日購入のお客様にはカーナビをおつけします」

こういう誘い文句にグラリとくるのが活動ゾーン。その際、長い話や理屈っぽい話はせず、端的に具体的に伝えるのがポイントです。

ちなみに、このお値打ち感を打ち出すセールスを思考ゾーンの人に行うと「何か裏がある？」と疑心暗鬼になられたり、「値段で買うわけじゃない」とプライドを傷つけてしまうことがあり、かえって逆効果です。拡張しているゾーンが違うだけでも、アプローチはこれだけ変わります。

クレーム対応でやるべきこと、やってはいけないこと

ビジネスをしていれば、お客様に喜んでもらったり感謝されたりすることばかりではありません。なかには、「一体、これはどういうことなんだ！」と、猛烈なクレームをつけてくるお客様もいます。

このとき、そのお客様が思考、感情、活動のどのタイプなのかがわかれば、適切な対応を取ることができます。ときに相手が激しく主張してきても、アプローチ次第で納得させることは可能です。

クレームで問われるのは、こちら側の言い分を相手に伝えることではありません。相手の感情や状況、求めていることを理解すること。同時に、相手に納得してもらうこと。相手をよく理解するところに、相貌心理学を活用する余地があります。

「思考ゾーン」の相手を納得させるには、論旨明快な説明をすることに尽きます。きちんとお詫びをしてから、まずは現状を説明します。そのうえでわかっている範囲で、クレームが起きた原因、その解決法、そして今後の対策などを、一つ一つ論理的に説明します。

その際に「〇日までにこれだけのことをやります」と、具体的なスケジュールを明示すると、解決までのプロセスが「見える化」するので、理解を得られやすくなります。そのスケジュールよりも早めに解決できれば、スピーディーな対応を評価してくれることも十分にあり得ます。こうなると、「雨降って地固まる」です。

「これでなんとかお許しを……」と金品を提示しても、「こんなことでごまかすつもりか！」と、かえって怒りの火に油を注ぐようなものです。話の内容が支離滅裂だったら、「クレームを処理しようという気がない！」と判断して、こちら側の非をもっと追及してきます。理路整然と説明していく以外に、このタイプを納得させる方法はありません。

「感情ゾーン」の人がクレームを言ってきたときは、ただ自分の気持ちを理解してもらいたがっています。「悔しい」とか「ショックだった」「残念」という気持ちをくみ取ることができれば、ある程度は納得してもらえます。そのうえで「本当に申し訳ありません。そのお気持ちは察して余りあります」と、相手に寄り添って共感する姿勢を見せると、「この人はわかってくれた」と自分の気持ちが満たされて、矛《ほこ》を収めるようになります。

寄り添って共感するのは、簡単そうに見えますが、それは大きな誤解です。「感情ゾーン」の人は敏感ですから、それが心からのものなのか、それともうわべだけのものなのかは、すぐに見抜いてしまいます。

スラスラと理路整然と説明すると、「感情ゾーン」の人は「そんな難しいことを言われてもわからない」と逆ギレしかねません。また「今日のところはこれでご勘弁を……」と金品を提示したら、バカにされたような気分になります。「こんなものが欲しくて来たんじゃない」と激昂《げっこう》する人もいるでしょう。

「活動ゾーン」の人は現実主義者で、目に見えるものを信用し重宝します。価値のあるものをお詫びとして提示されたら、「優遇されている」というプライドが満たされて、「まあ、今回はこれくらいで勘弁しておくか」と、あっさり矛を収めます。

あるいは修理を無償で申し出る。壊れたものよりも高価なものと交換する……。こうした明らかにメリットがあるオファーをすると、かえって「得をした」気分になって、同様にあっさり引き下がってくれます。

もっとも、最初から金品の提供で解決しようとすると、いかにも自分自身がそれ目当てでクレームを言ってきたかのように映ってしまうので、難色を示します。「申し訳ありません」と何度も頭を下げたのちに、頃合いを見計らって「これはほんのお詫びの気持ちですが……」と下手《したて》に出ていくと、スムーズにいきます。

「活動ゾーン」の人にしてはいけないのは、論理的に説明すること。いくら理路整然と説明されても、なんのメリットも得られないので、イライラしてしまいます。長々と話をされると、自分の時間をムダにされたと思うので、余計にイライラが爆発することになりかねません。

ゾーンによって適性・適職が変わる

三つのゾーンには、それぞれつく職業に適性があります。どのようなケースがあるのかについても、お話ししましょう。

この三つを同じ職業で見ると、どう違うでしょうか。たとえば、医師という職業でこの三つのパターンで分けるとすれば、次のようになります。

思考ゾーン＝理論や想像力を駆使し、手術よりも論文や研究が得意なタイプのドクター。画期的な治療法を発見するのも、このタイプです。

感情ゾーン＝「みんなのために」とか「困っている人を助ける」ことを生きがいとし、途上国や紛争地帯に自ら出かけていって治療するタイプのドクター。「国境なき医師団」のような団体で活躍するタイプです。

活動ゾーン＝目の前の現実を直視・対応する救急ドクター。今何が必要なのか、今ある環境でどういう処置をすれば最善なのかを冷静に判断して対処します。器具の扱いにも長け、名執刀医が多いのはこのタイプです。


組織を運営するにあたり、適材適所の人事は、「言うは易《やす》し、行うは難《かた》し」です。

誰をリーダーにして、誰を補佐役にするか。新しく来た人をどこの部署に配属すれば、本人が成長し、また周りも刺激を受けるか。なかなか結果を出せない人をどのようにフォローすれば、うまくいくようになるのか……。

考えてもなかなか答えは出ないし、その答えがよかったのか悪かったのかが判明するのは、人事を行ってからかなり経ったときです。

事前には答えがわからない。それが、人事の難しいところですが、そのヒントになるのが相貌心理学。「人事を行う前に学んでおいてよかった」と思ってもらえるだけの正確性とクオリティーを備えているのは間違いありません。

相貌心理学をベースにしてその人のタイプや傾向、一緒に働く人との相性を見ていくことで、適材適所の人事を行うことは可能です。

ゾーン別恋愛アプローチ法

ビジネスだけでなく、恋愛にも相貌心理学は応用できます。思考ゾーン、感情ゾーン、活動ゾーンの特性を知るだけでも、仲よくなる方法や攻略法は変わってきます。

思考ゾーンの人は、視覚から受ける刺激に敏感に反応するので、「見た目重視」の傾向があります。イケメンや美人かどうかではなく、雰囲気や身だしなみ、立ち居振る舞いをしっかり見ています。もし相手の好みをチェックできるなら、相手の好みの服装にあわせる。相手と同じ服装ではなく、相手が異性に求める服装です。まずは相手の目に留まる必要があります。

コミュニケーションにも工夫が必要です。知的で好奇心旺盛なので、話の中身が空っぽという人はあまり好まれません。会話では相手の好奇心を刺激するような話を心がける、あるいは相手の趣味の話を「ぜひ聞かせて」と教えてもらうスタンスで聞くようにすると好印象です。そして何度も言いますが、知ったかぶりはＮＧです。

感情ゾーンの人は、共感、分かち合いがポイントです。

「この音楽、素敵だね」「今日のイベントは楽しかったね」と一緒に共感し、体験を共有します。「あの映画は泣けるよね」と悲しいことでもＯＫです。また、他人からどう見られているかにとても敏感なので、とにかく否定せずに認めてあげることが大切です。

聴覚・嗅覚から受ける刺激にも敏感なので、好みの音楽が流れているだけでも、気分が上がります。よい香りの香水をつけたり、プレゼントしたりするのもいいでしょう。逆に相手の体臭や食事中の不快な音などにも敏感ですので、ご注意を。

活動ゾーンの人は行動的なので、一緒にできるスポーツがあるといいでしょう。リラクゼーションもＯＫ。食べることが好きなので、おいしいレストランに連れて行ってあげると喜ばれます。

物質的価値に重きをおくので、プレゼント作戦も有効です。ブランド志向も強いので、中身が同じようなものであれば、誰もが知っている有名店の包装紙に包まれたもののほうに価値を感じます。

相手の利用価値もとてもシビアに見ています。厳しく言えば「自分にとって役に立つか立たないか」。

自己アピールはふんわりした理想や夢を語るより、自分の具体的なスペックをアピールしたほうが響きます。

自分のゾーンを知る

これまで、顔からわかる相手の性格についてお話ししてきましたが、ここでぜひ自分の顔もじっくり分析してみましょう。

自分のゾーンを分析するときは、「どのゾーンが一番拡張している（面積が大きい）」か、パッと見た直感での判断が大切です。全体のバランスの中でなんとなく「顔の上のほうの額や目が大きいな。逆三角形だな」と感じるならば思考ゾーン、「頬骨や頬周りが広いな。

六角形だな」と感じる場合は感情ゾーン、そして「あご周りがかなりどっしりしていて顔の下のほうが広いな。台形だな」と感じる場合は活動ゾーンとなります。

少しアバウトに感じるかもしれませんが、顔を大まかに印象でとらえることが重要です。もちろん相貌心理学者が行う専門的な分析方法もあるのですが、このやり方でも十分です。

実際に顔写真を穴があくほど眺めて大真面目に見分けようとすると、迷いが生まれて見極めが難しくなります。それでもパッと見ではどうしても見分けられない……という方のためにいくつか具体例を示しておきますので、ぜひ自分の見分けやすいやり方で試してください。

ゾーンを理解したら、器官・部位も見てみましょう。

自分の一番拡張しているゾーンにある器官・部位の特徴が、他のゾーンの器官・部位より強く表れます。思考ゾーンが拡張している人であれば、額・こめかみ・目の傾向が鼻や口の傾向より強く出るということです。ゾーンや器官・部位の特徴を把握できれば、自分の活かし方が見えてきて、これまで気づかなかった強みを発見することができます。

三つのゾーンにはこんな傾向がある

顔を見て、自分や相手がどのゾーンなのかわからない場合、このチェックリストを活用しましょう。一番当てはまる項目が多いのが、自分もしくは相手のゾーンだと判断できます。

思考ゾーン

- □知識・教養に対する関心が旺盛
- □流行に敏感
- □想像力が豊かである
- □ときに妄想する傾向がある
- □理屈や理論でものごとを考える
- □理想主義／理想が高い
- □理由を重視する
- □自分の実力より上の課題に挑む
- □人から命令されるのが嫌い
- □知ったかぶりが嫌い

感情ゾーン

- □相手に共感を求める
- □承認欲求が強い
- □好き嫌いで決めるところがある
- □客観性に欠けるところがある
- □愛情を与えたいし、受け取りたい
- □気分屋的なところがある
- □おだてに弱い
- □世話好き
- □公平性を重視する
- □においや音に敏感

活動ゾーン

- □現実主義
- □打算的な人付き合いをする
- □成果主義が合っている
- □想像力に欠けるところがある
- □現実的な目標設定や数値化が得意
- □目に見えない理想やビジョンはピンとこない
- □セールや割引に反応する
- □おいしいものを食べるのが好き
- □空腹や寝不足で感情が左右されやすい
- □手先が器用でものづくりが得意

第4章

相性の善し悪しはこうして決まる

同じゾーン同士は相性がいい

「あの人とはまだ出会って間もないのに、なぜだかウマが合うな」
「あの人とは長年一緒にやっているのに、どうもウマが合わない」

こんなふうに相性の善し悪しを感じる場面は、日常的によくあることです。相性は、「年齢が近い」「出身や趣味が同じ」といったことで決まるものでもありません。年齢が離れていても相性がいいこともあるし、同い年でも相性がよくないケースはよくあります。

この相性の善し悪しについて、「なぜあの人とはウマが合うのか」「なぜこの人とはウマが合わないのか」と、明確に答えを導き出してくれるのが、相貌心理学です。

相性を分析していくには、「拡張しているゾーン」を見ていきます。器官・部位を見るだけではお互いの相性を把握することは難しいのですが、「思考ゾーン」「感情ゾーン」「活動ゾーン」の三つのくくりで見ていくと、「なぜウマが合うのか／合わないのか」が理解できるようになります。

三つのゾーンには、それぞれ相性があります。それを理解しておくと、コミュニケーションがスムーズにいくようになります。

基本的に同じゾーン同士の相性は、とてもいいです。

「思考ゾーン」と「思考ゾーン」

「感情ゾーン」と「感情ゾーン」

「活動ゾーン」と「活動ゾーン」

お互いに同じゾーンなら、それこそ「あ・うんの呼吸」でコミュニケーションができるし、ものごとの考え方や欲求が近いのでストレスもありません。あなたがどのタイプであれ、気の合う人、仲のいい人はゾーンで分けてみると実は同じタイプが多いのではないかと思います。

もちろん二人は「同じゾーンだから、うまくいく」と知っていて、仲よくなったわけではないでしょう。

会って話すうちに「なんか気が合うね」「共通点が多いね」と気づくようになって、いつの間にか、仲よくなっていた……。

それは「思考」－「思考」なら知識の交換、「感情」－「感情」なら共感、「活動」－「活動」なら利用価値の交換と、お互いが相手の求めているものを提示・交換できるので、自然に関係がよくなり仲が深まったのだと言えます。

それでは、異なるゾーン同士だと相性がよくないのかというと、それもまた違います。同じゾーン同士のようなスムーズな意思疎通はできないかもしれませんが、それでもよい関係を築くことはできます。

自分の短所を相手の長所で埋めてくれる。反対に、相手の短所を自分の長所で埋めてあげる……。異なるがゆえに、こうしたギブ・アンド・テイクが成立しやすくなるとも言えます。

それには、相貌心理学でお互いのゾーンによる違いを理解するのが一番です。

次からは異なるゾーンの相性について見ていきます。

思考ゾーンと感情ゾーンはすれ違いが多い

思考ゾーンの人と感情ゾーンの人が一緒にいると、コミュニケーションはすれ違いや誤解が多くなりがちです。それが高じると、イライラしたり、そもそも会話自体が成立しなくなったりします。

思考ゾーンの人は、理想主義。想像力を駆使して抽象的な思考や表現をするのが得意です。理屈っぽいので議論が白熱すると、論争になることもあります。

感情ゾーンの人は、共感能力がとても高く、自分の気持ちを大切にしながら、それを相手と分かち合おうとします。相手を思いやるやさしさ、気遣いを欠かさない反面、感情が高揚すると話に脈絡がなくなって、思考ゾーンの人からすると「何の話をしているの？」となります。

思考ゾーンの人は、想像と理屈で考えて動く。感情ゾーンの人は気持ちで感じて動く。このように思考ゾーンと感情ゾーンとでは、明らかな違いがあります。

思考ゾーンの人から見れば、感情ゾーンの人は子どもっぽく、支離滅裂に映ります。感情ゾーンの人からすれば、思考ゾーンの人は屁理屈の多い面倒な人に見えます。

たとえば、ともにひいきにしているプロ野球チームが勝った翌朝。職場で開口一番、感情ゾーンの人が、同僚の思考ゾーンの人にこう話しかけたとします。

感情ゾーン「昨日もわがチームは勝ったね」

思考ゾーン「勝つには勝ったけど、相手がエラーして自滅したからだね」

感情ゾーン「それでも勝ちは勝ちだよ。うれしくないの？」

思考ゾーン「あんまり内容がよくないし、素直に喜べないね。先発の若手ピッチャーAも五回もたなかったし。プロなんだから、もっと頭を使って野球をやってほしいね」
感情ゾーン「勝ったんだからいいじゃん」
思考ゾーン「いや、もっと緻密にやらないと、長いシーズンを乗り切れないよ」
感情ゾーン「そんなんじゃ、見てても面白くないよ」

それでは、永遠にわかり合えないのかと言うと、そんなことはありません。相手のゾーンを理解し、自分のゾーンを意識するだけでも、コミュニケーションは変わってきます。

自分が思考ゾーンの人は、理屈一辺倒ではなく、ときおり感情の発露を心がける。たとえば、「うれしい」とか「悲しい」とか、それを少し口に出すだけでも感情ゾーンの人からすれば、人間味を感じ「この人は決して冷たい人ではないかもしれない」と、途端に見る目が変わります。

感情ゾーンは感情がすべて。いい意味でシンプルなのです。

表現を変えるだけで共感が生まれる

　こんなふうにお互いに歩み寄ると、意見の一致や共感が生まれます。

感情ゾーン「昨日はわがチームも勝つには勝ったけど、相手がエラーして自滅したから、もっと緻密にやらないといけないね」

思考ゾーン「そうだけど、勝ちは勝ちだよ。確かにもっと選手一人ひとりがしっかりしないとね」

感情ゾーン「やっぱり先手を取らないと、苦しいよね。先発のピッチャーAは頑張ったけど、五回もたなかったし、もうちょっとコントロールがよくなればなぁ」

思考ゾーン「でも、彼はいいよ。将来は二ケタ勝てるんじゃないかな」

感情ゾーン「そうだよね。彼はいいよね」

思考ゾーン「おっ、意見が一致したね」

　自分が感情ゾーンの人は、思いだけを前面に出すのではなく、まずは、ひと呼吸。何が一番大切か、二番目は何か、結論は……と、自分が言いたいことをきちんと頭の中で整理して話すよう心がけるといいでしょう。

そうすると、思考ゾーンの人ほど理路整然としていなくても、相手は「なるほど、こういうことを言いたいのか」「この人もちゃんと考えているんだな」と理解を示すようになります。

思考ゾーンと活動ゾーンは最悪で最強の組み合わせ

思考ゾーンの人と活動ゾーンの人の組み合わせ。これは三つの組み合わせの中では、最もうまくいきません。

ところが、それがゆえに一番うまくいく組み合わせでもあります。というのも、お互いにないものを補い合えるからです。

思考ゾーンの人は、理想主義。自分が理想とするものをとことん追求していきます。活動ゾーンの人は、現実主義。理想よりも実現できることをとことん追求していきます。

思考ゾーンの人と活動ゾーンの人が一緒になれば、理想と現実のせめぎ合いが始まります。一方は理想を重視し、もう一方は現実だけを見ている……。見ている方向がバラバラなので、一つになりようがありません。

思考ゾーンの人から見れば、活動ゾーンの人は卑俗的で欲深く映ります。活動ゾーンの人からすれば、思考ゾーンの人は想像世界の夢追い人でしかありません。

仕事帰りに会社近くの居酒屋で、同僚の二人が酒を酌《く》み交《か》わしています。酔った勢いで、思考ゾーンの人が将来の夢を語り出します。

思考ゾーン「大きな声では言えないけど、俺、将来は独立するつもりなんだよね」

活動ゾーン「へぇー、そうなんだ。どんなことをやるの？」

思考ゾーン「いや、まだ決めていない。スティーブ・ジョブズみたいな起業家になりたいんだ」

活動ゾーン「何をやるのか決めていないのか（苦笑）。で、いつごろ独立するつもり？」

思考ゾーン「うーん、早ければ五年後かな」

活動ゾーン「そのために何かやっていることはあるの？　お金はどうするの？」

思考ゾーン「いや、何もやっていない。そのために今、いろいろなところに顔を出して人脈を広げようと思っている。とにかく俺は日本のスティーブ・ジョブズになる」

活動ゾーン「…………。もっと地に足をつけたほうがいいよ」

相手にないものを補っていく

こうして見ていくと、お互いに歩み寄るのが難しいように感じます。しかし、ベクトルは正反対ですが、お互いにないものを持っているのも事実。実はお互いの欠点を補い合える関係にあります。

思考ゾーンの人は、現実的思考や行動が不得手。それを活動ゾーンの人が担当すれば、理想を実現する方法を獲得できます。

思考ゾーンの人からすれば、活動ゾーンの人は名補佐役。「自分の理想を現実化してくれる頼もしい人」と、頼りにするようになります。

活動ゾーンの人は、抽象的思考が苦手。現実のことは処理できても、理想像や未来像をイメージするのはラチがあきません。思考ゾーンの人が想像力を駆使すれば、現実的な考えをユニークで個性的な思考に昇華することも可能です。「発想力のある人の考えることは違う」と思考ゾーンの人に一目置くようになります。

こんなふうに歩み寄ると、実のある会話になります。

思考ゾーン「俺、将来は独立するつもりで、今、いろいろなところに顔を出して人脈を広げようとしているんだよね」
活動ゾーン「そうなんだ。起業に向けて準備しているんだね。どんなことをやるの？」
思考ゾーン「まだ決めていないんだけど、スティーブ・ジョブズみたいな起業家になりたいんだ」
活動ゾーン「何をやるにしてもニッチな分野を狙ったほうがいいね。それと税務とか財務とかは勉強していたほうがいいよ」
思考ゾーン「そうだね。その手の本を読んで勉強するよ」
活動ゾーン「いつごろ独立するつもり？」
思考ゾーン「うーん、早ければ五年後かな」
活動ゾーン「五年は長いようで短いからね。今から大まかでもスケジュールをつくったほうがいいよ」

正反対のタイプは、何もしなければ、一体化することはありません。ただし、お互いに補い合えると気づいたとき、最強のパートナーになることがあります。

感情ゾーンと活動ゾーンはお互いに関心がない

感情ゾーンの人と活動ゾーンの人のコミュニケーションは平行線。そのままでは交わり合うことも重なることもありません。

そもそも相手のことがよくわからない。それゆえにかかわろうともしなくなっていきます。

感情ゾーンの人は、楽しいこと、うれしいこと、素敵なことを他者と共有するのが好き。モノよりも思い出というタイプです。

活動ゾーンの人は、形に残るものが好き。思い出よりモノというタイプ。

感情ゾーンの人から見れば、活動ゾーンの人は共感よりモノ優先で面白味のかけらもありません。逆に、活動ゾーンの人にすれば、感情ゾーンの人は、気持ちばかりで形に残さず、何を考えているのかよくわからない不思議な存在です。

京都への出張が突然決まった活動ゾーンの同僚が、浮かない顔をしているので、感情ゾーンの人が盛り上げようと話しかけてきます。

感情ゾーン「京都に出張か。うらやましいな」

活動ゾーン「仕事だからね。せいぜい帰りの新幹線でビールを飲みながらお弁当を食べるだけだよ」
感情ゾーン「それならギリギリまで楽しんで、最終で帰ってくればいいんじゃないの？」
活動ゾーン「翌日も仕事だから」
感情ゾーン「そうだろうけど、せっかく行くのに、残念すぎるね」
活動ゾーン「早く帰ってきてゆっくりしたいだけだよ」
感情ゾーン「私ならお昼は穴場のお店に行って名物料理でも食べて、夜の京都を楽しんでから最終の新幹線に乗って帰って来るけどな」
活動ゾーン「仕事で行くんだ。旅行じゃないよ」

こうして見ていくと、接点もありません。同じ空間にいても、まったく口をきかないこともあるというのが、この組み合わせになるでしょうか。
しかし、ほかの相性の悪い組み合わせ同様、相手を理解し、自分のアプローチを少し相手に寄せてみれば、歩み寄ることは可能です。

接点を見つける努力をする

たとえば、感情ゾーンの人がイベントに行った話を活動ゾーンの人にするのであれば、ただ「楽しかった、よかった」という感情的な話をするのではなく、「こんなグッズが売られていた」「こんな得なことがあった」と、モノやメリットに触れる角度から話題を振ってみると俄然《がぜん》興味を持つかもしれません。

活動ゾーンの人が感情ゾーンの人に話をする場合はアプローチをその逆にします。お互いに接点がないから、関心を持たない。ひとたび接点が見つかると、意気投合することもなくはない。感情ゾーンの人と活動ゾーンの人は、そういう関係にあると言えます。

こんなふうに歩み寄ると、すれ違いも解消されます。

活動ゾーン「せっかく京都に出張で行くのに、日帰りか。なんか楽しみはないかな？」
感情ゾーン「それなら夜はライトアップのお寺に行って、最終の新幹線に乗って帰って来ればいいんじゃない？」

活動ゾーン「翌日も仕事だから、早く帰りたいんだよね」
感情ゾーン「そうだろうけど、せっかく行くんだから、足を延ばしてみれば。そうそう、このライトアップのお寺の近くに穴場のお店があるよ」
活動ゾーン「そこはおいしいの？」
感情ゾーン「うん、そこの名物料理はすごくおいしいよ。サービスの小鉢がこれまた絶品。
京都に行くときは必ず寄ることにしている」
活動ゾーン「時間的に間に合うかな？」
感情ゾーン「そのお店から京都駅までタクシーで十五分くらいかな」
活動ゾーン「それなら、なんとかなるかも。仕事終わりの観光で、まさに一石二鳥だね」

決して誤解をしていただきたくないのは、相貌心理学は相性の善し悪しだけを判断する学問ではないということ。相手と自分を知り、その違いを理解したうえで、よりよいコミュニケーションに活かすためのものです。
ゾーンが違うと、なかなか相手のよさを認識できないものです。それは、自分にはないものだからです。自分にはない相手のよさをゾーンから理解し、少しずつでも取り入れると、相手との距離が縮まっていきます。

相手が感情ゾーンなら	→	○	共通点や共通の話題を見つけたら、お互いに共感しながら接するよう心がける
		×	「好き・嫌い」といった主観が割れると、たちまち感情のぶつかり合いになるので注意する
相手が活動ゾーンなら	→	○	共感して喜ばせるよりも、どうしたら相手が喜ぶか(得をするか)を意識することを心がける
		×	話は一番重要なことから、なるべく簡潔に話す。自分の感情を押しつけすぎないよう注意する
自分が活動ゾーンの場合			
相手が思考ゾーンなら	→	○	相手の考えも尊重しながら、ほどよい距離感でフォロー(現実化)してあげるような接し方を心がける
		×	相手の意見に対し、現実的・打算的な返しばかりにならないよう注意する
相手が感情ゾーンなら	→	○	一つでもよいので相手との共通点を探すことを心がけ、利害がなくとも相手の好意や感情に一定の理解を示す接し方をする
		×	相手の気持ちをメリットの有無や合理性だけで判断して、切り捨てないよう注意する
相手が活動ゾーンなら	→	○	合理性・利便性重視の傾向は一致しているので、相互メリットや相乗的メリットが生まれる関係性を心がける
		×	お互いに自分の利益の追求に走りがちで、一度方向性を違えると冷めた関係になりがちなので注意する

相手のゾーンに応じて、
こんなコミュニケーションをしよう

自分が思考ゾーンの場合		
相手が思考ゾーンなら →	○	お互いの知的好奇心を刺激する話題(ニュースや流行、相手の知らない知識など)を心がける
	×	お互いに理屈っぽいため、マウントの取り合いや口論になりやすいので注意する
相手が感情ゾーンなら →	○	理屈一辺倒ではなく、自分の感情や共感も交えながら相手に接するよう心がける
	×	相手の感情を理屈でやりこめるような会話・言葉・口調に注意する
相手が活動ゾーンなら →	○	話は「理屈→結論」ではなく結論から先に述べ、なるべく具体的かつ端的に。相手のメリットも考慮しながら接するよう心がける
	×	抽象的なイメージや頭の中の理想論ばかりを一人で長々と語らないよう注意する

自分が感情ゾーンの場合		
相手が思考ゾーンなら →	○	話は一度頭の中で順番を整理してから口に出す。自分の感情を押しつけたり、共感を求めすぎたりしないように注意する
	×	相手の意見や知識をろくに知らずに「いいですね」「教えてください」と共感するように接する

第5章

もっと自分と相手を深く理解する

輪郭はエネルギー量を表す

ここからは、応用編です。

まずは顔の輪郭を見ていきます。

輪郭が表すのは、エネルギー量。


人間の顔の輪郭は大まかに言うと、次の四つのいずれかに収斂します。真四角か真ん丸。それとも長方形か楕円形。もっとシンプルに言えば、どっしり型か細いかの二つ。あまり深く考えず、パッと見た直感での判断が大切です。

真四角か真ん丸の輪郭は「ディラテ（膨張）」。長方形か楕円形の輪郭は「レトラクテ（縮小）」と言います。

どっしり型であるディラテの人は、エネルギー量が豊富です。

周りの人との時間を大切にする「外向欲求」が強いタイプで、積極的に周囲とのコミュニケーションを求めます。

外向欲求とは、自分の活動範囲を外に広げる欲求です。積極的にコミュニケーションを取り、知り合いをどんどん増やしていこうとします。

たくさんの人たちと一緒にいる時間のほうが好きなディラテの人は、孤独に耐えられるほうではありません。一種のさびしがりです。

一方レトラクテの人は、エネルギー量があまり多くありません。ムダにエネルギーを使えないので、自らコミュニケーションに選択と制限をかけます。自分を守る防衛欲求である「内向欲求」が強いタイプなので、孤独でいるのに抵抗はありません。

輪郭はエネルギー量を表す

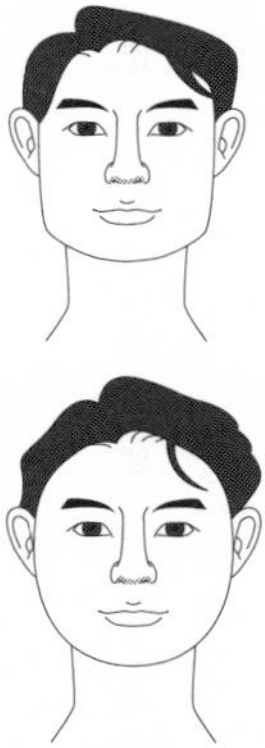

輪郭が真四角か真ん丸が
ディラテ

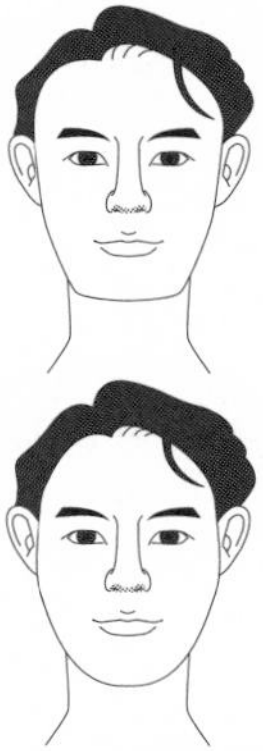

輪郭が長方形か楕円形が
レトラクテ

レトラクテの人は、自分で選んだ人ではない人たちと無理に一緒に過ごすよりも、自分一人で過ごす時間を大切にします。

もちろん、「私の顔はどちらにも当てはまらない。真ん中だ」という人もいます。日本人に多い卵型の人です。そういう人は、両方の性質がバランスよく織り込まれています。エネルギー量もほどほどで、人とのコミュニケーション欲求もほどほど。

相貌心理学はゼロか100かではありませんので、もちろん中間は存在します。ちなみに卵型は専門的には、ややレトラクテ寄りとなります。ですので、「中間だとつまらない！」と感じる卵型の人は、自分をレトラクテに当てはめて、「どちらかと言えば、レトラクテの傾向がある」と理解してください。

ナポレオンは孤独が苦手、織田信長は孤独が好き

この輪郭について、歴史上の人物を見ていくと、いろいろなことがわかってきます。数百年前の人物だと肖像画になりますが、本人の特徴をしっかりとらえているという前提のもと、分析してみましょう。

まずはこの相貌心理学がフランスから来た学問ということでナポレオン・ボナパルト。

どちらのタイプかというと、四角。つまり、ディラテです。ナポレオンは、実は孤独が好きではなかった、一人でいるのは苦手な人だったという見方ができます。

続いては、日本の織田信長。

輪郭が細いです。そこからわかることは、エネルギー量はあまりなかったこと、周囲とコミュニケーションを取るというよりは、自分一人の時間を好むタイプであったと言えます。

信長と対照的なのが、千利休。

輪郭を見ると、ディラテで外向欲求が強かったことがわかります。外向欲求が強い大きな輪郭だったがゆえに、茶道を多くの人に広めていこうという傾向がうかがえます。仮に利休が信長のように輪郭が細かったら、お茶を不特定多数に広めるよりは自分の世界に入って、一人で茶道を追究して極めるほうに行っていたかもしれません。茶道が今日とは違う形で発展した可能性もあります。

このように相貌心理学で見ていくと、輪郭からだけでも過去の人物についての知られざる人物像をうかがい知ることができます。

パワハラになりやすい上司、部下を孤立させやすい上司

ディラテとレトラクテ。この二つは、正反対のタイプとも言えます。どちらが「いい／悪い」ではなく、それぞれが固有の傾向を持っています。

上司と部下という関係の場合、それぞれが違うタイプだと、ちょっとしたトラブルが起きやすいかもしれません。

たとえば、上司がディラテで、部下がレトラクテというケース。上司は体力もコミュニケーション欲求も豊富。一方、部下はその逆。

この組み合わせで部下がなかなか結果を出せないときは、要注意です。コミュニケーション欲求が強い上司は、部下にこんなことを言いがちです。

「俺もこのくらいの仕事量はやってきたし、お前にもできるはずだ」

「一日に五人は営業しないと、結果は出ないぞ」

自分にできたから、相手もできて当然。そんな意識があるから、上司にはそのつもりはなくても、ついつい部下にプレッシャーをかけてしまうことになります。これが高じると、「パワハラ」になってしまいます。

レトラクテの部下は、体力もコミュニケーション欲求も豊富ではありません。その代わり、狭く深い人間関係を構築していきます。繊細さを持ち合わせていますので、コミュニケーションも細く長くというタイプ。時間をかけてクライアントと信頼関係をつくって、忘れたころに大きな契約をとってくることも「ない」とは言えません。

ディラテの上司がレトラクテの部下のこうした傾向を理解していれば、必要以上に追い込むこともないし、むしろ温かい目で見守っていけるでしょう。

反対に、上司がレトラクテで、部下がディラテというケース。上司は体力もコミュニケーション欲求も少なく、部下はその逆になります。

レトラクテの上司は、警戒心や選択欲求が強く、部下にすべてを任せられません。部下の個性を尊重しようとせずに自分ですべてを決め、箸の上げ下ろしにまで細かく口出しします。ディラテの部下にはそれがストレスになり、向上心を潰す要因ともなりかねません。

この組み合わせの場合、レトラクテの上司がディラテの部下に、自分の方針や守るべき大事なことをあらかじめ事細かく伝え、「あとは君のやりたいようにやっていいよ」と思い切って任せるのがいいでしょう。体力とコミュニケーション欲求が豊富なディラテの部下は、水を得た魚のように行動して、きっちり結果を出すようになるかもしれません。

その半面、コミュニケーション欲求が強いディラテの部下が仕事でのつながりを強くしようと、レトラクテの上司のプライベートに立ち入る質問や行動をすると、ちょっと困ったことが起きます。レトラクテの上司は、気さくに話しかけるディラテの部下を「がさつ」とか「無礼」と見なすようになり、距離を置き始めます。

コミュニケーション欲求が強いディラテの部下は「嫌われているのではないか？」と、動揺して、不安にさいなまれかねません。孤独に弱いディラテは、こうして心理的に追い込まれることになります。


ディラテとレトラクテは、水と油のような関係にあります。それでも自分もしくは相手がどちらなのかを把握していれば、コミュニケーションにおいてトラブルを回避することは十分可能です。

持久力のある人とない人の違い

口と輪郭は、極めて相関関係があります。

輪郭が表すのは、エネルギーの量。輪郭に対する口の大きさを見ると、その人のエネルギーの使い方がわかります。

輪郭に対して口が小さい人は、エネルギーを調節しながら使います。それは、「持久力がある」ということです。同時に、持久力があるがゆえにストレスもため込んでしまう傾向があります。

輪郭に対して口が大きい人は、エネルギーを持っている量よりも多く消費してしまいます。特に輪郭が細くて口が大きい人は、もともとの少ないエネルギーを早めに消費してしまうので、すぐに疲れてしまいます。

もっとも、輪郭がしっかり大きくても、大きな口がついていたら一緒です。エネルギーをあるだけムダ使いしてしまいますので、こちらも勢いはありますがすぐにガス欠になって疲れてしまう傾向にあります。

どっしりした輪郭に対して口が小さい人と、細い輪郭に対して口が大きい人。

両者は明らかに「できる仕事量」が違ってきます。前者はエネルギーも持久力もありますが、後者は両方ともありません。

長時間労働や肉体労働の場合、前者のほうがうまくいく可能性は高くなります。それは、能力やスキルよりもエネルギー量や持久力の差です。

部下に仕事を頼むときも、輪郭と口の相関関係を見ていくと、よりよいマネジメントができます。たとえば、細い輪郭に対して口が大きい人ならば、「もともと体力があまりないし、エネルギーをどんどん使うので疲れやすいな」と理解できます。やむを得ず長いスパンの仕事になる場合は、体力量を考慮し、残業や休日出勤などのスケジュール管理に気を配る必要があります。

反対に、輪郭に対して口が小さい人がいれば、「エネルギー量があって持久力があるから、長丁場の仕事に向いているな」と理解して間違いありません。朝から晩までの過酷な労働にも耐えられるのがこのタイプです。

もちろん、耐えられるから「やらせてよい」ということではありませんし、ストレスは蓄積しやすいので、メンタル面には気を配る必要があります。輪郭と口の相関関係を見ると、このようなことが理解できます。

大事なことは、どんなに素晴らしい才能もエネルギーや体力の支えがないと開花しないということです。

起業家に多いコンソントレ、浪費家に多いレアジッサン

輪郭に対し口が大きいタイプは、エネルギーのほかにもムダに使ってしまうものがあります。それは「お金」です。

このタイプは、お金を浪費する傾向があります。お財布の中に一万円しか入っていなくても、気に入ったカバンを見つけると、それが十万円だったとしても買ってしまうタイプです。

もしあなたが結婚を考えている相手がこのタイプだった場合は、散財について注意が必要です。

輪郭に対して口だけでなく目も鼻も大きい人は、相貌心理学では「レアジッサン（応答型）」と言います。周りからの刺激に何にでも反応してしまう傾向があります。

社交性には長けているのですが、人からどう見られているかをとても気にしながら行動します。たとえば、自分のやりたいことを優先して就職先を決めるよりも、周りの人が

輪郭と器官には、相関関係がある

輪郭に対して、目も鼻も口も大きい人がレアジッサン

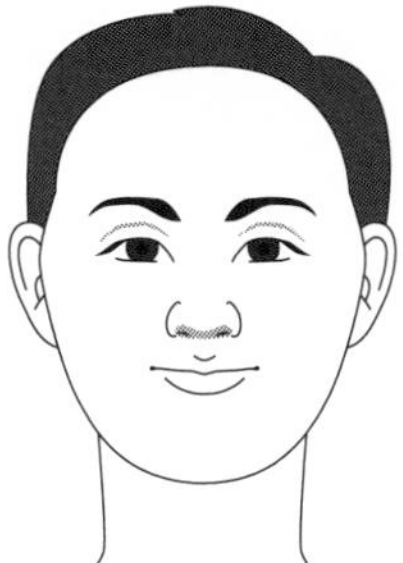

輪郭に対して器官が真ん中に集中しているのがコンソントレ

「スゴイ！」と思う企業を就職先に決めてしまうタイプです。

逆に、輪郭に対して器官が真ん中にヒューッと集中している人は、相貌心理学では「コンソントレ（集中型）」と言います。中心に寄った目、鼻、口というのが大きな特徴です。常に冷静で、最小限のエネルギー消費で最大限の利益を得ようとしますが、ややエゴイストな面もあります。起業家に多いのが、このタイプです。

ちなみに、レアジッサンは女性に多く、コンソントレは男性に多い傾向があります。

人間の顔は左右対称ではない

人間の身体を真ん中から半分に分けたとき、右半分と左半分が完全に一致するわけではありません。同じように見えても、微妙に違いがあります。

右と左は非対称。これは、顔も同じです。

この非対称からもさまざまなことがわかります。

極めてアナログですが、真ん中に鏡を置いて、自分の右だけの顔、左だけの顔をつくって見比べると、非対称の違いがわかりやすくなります。正面写真があるなら、パソコンやスマホが得意な人は、今は画像ソフトやアプリでも簡単につくることができます。

果たして、右だけの顔と左だけの顔は同じでしょうか。それとも違うでしょうか。

実は、右と左がまったく同じという人は存在しません。右の顔と左の顔は違っているのが当たり前です。

この顔の非対称が、終生同じということはありません。

一年とか二年前の顔と今の顔とを比べてみると、非対称がなくなったり変わっていたりすることが多々あります。昔の写真を引っ張り出して、今の顔とよく比べてみると、非対称の変化を実感できるでしょう。

顔は左右対称ではない

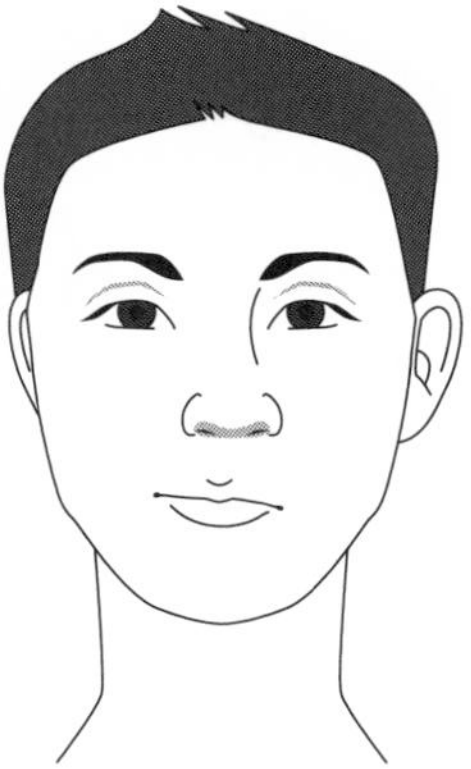

顔の右側は現在、左側は過去を象徴する

ここで質問があります。

あなたは右と左の顔、どちらが好きですか。

相貌心理学では、非対称を見る場合、顔を真ん中から左右に分けます。その際に利《き》き手《て》側が現在を表す顔、そして利き手ではない側が過去を表す顔になります。

「どちらの顔が好きですか？」と聞いたのは、その答えによって、自分自身の幸せの意識が過去と現在のどちらに向いているかがわかるからです。顔の非対称は、幸せの意識の方向を示してくれます。

利き手ではない側の顔が好きという人は、「過去のほうが幸せだった」と思う傾向があります。反対に、利き手側の顔が好きな人は、幸せの意識が現在から未来に向いているという傾向があります。

もっとも、過去の顔のほうが好きだったからといって「私は過去にこだわっているのか……」と悲観することはありません。過去の何にこだわっていて、今の自分とは何が違うのかを思い出してもらいたいのです。

仕事では、今と過去はあれが違う。恋愛やプライベートの面では、ここが違う。「そうか、今はそれが足りないんだ」と気づくだけでも気持ちは変わりますし、それに近い環境をつくることができれば、再び幸せを実感できます。そうなれば、気がついたときにはきっと利き手側の顔が好きになっているでしょう。

反対に、利き手側の顔のほうが好きな人は、今が充実しているか、未来に大きな希望を持っています。過去に大きな失敗をしたとしても、そのことにクヨクヨしたり後悔したりすることもありません。「これからいいことが起こる！」という前向きな気持ちで、毎日を送っていることでしょう。

非対称は自分の隠れた意識を表出する

非対称は、器官・部位ごとに見ることもできます。たとえば、目の高さ。目の高さが大きく違う人は、自分にとって大切なことを選べません。意識散漫で複数の情報や出来事をまとめることができないからです。散漫だから左右同じ視点でものごとをとらえられず、高さが変わってしまうとも言えます。

鼻筋の非対称がある人は、どちらを向いているかで、意識の方向性がくみ取れます。利き手側のほうに向いているのであれば、意識が現在、および未来に向いています。反対に、利き手ではない側に向いている人は、意識が過去に向いていることになります。

現在の顔が好きな人は、鼻筋も利き手側に向いていることが多いです。もし現在の顔が好きでも鼻が過去に向いている場合は少し複雑な分析となり、前向きではありながら、ときに行動や思考から大胆さが失われることがあります。

鼻の穴に非対称がある人。「え、鼻の穴に非対称なんてあるの？」と驚く人もいるかもしれませんが、左右で大きさや形が違う人はいます。このような人は、愛情に関する心配ごとがあります。

耳の非対称は、正面から片方が見えて、もう片方が隠れているケース。利き手が右手の人が右だけ見えて、左が隠れている場合、この人は、現在のほうが独立心旺盛です。反対に、左だけ見えて、右が隠れている場合、この人は、現在よりも過去のほうが、「よし、やってやるぞ」という勢いが強かったということになります。

口に非対称がある人。この人は自分が思っていることをうまく表現できない、もしくは、どのように表現したらいいかがわからないという傾向があります。

顔の肉づきの張りも左右で異なる人がいます。利き手側の肉づきだけがプリッとしていれば、「過去にはなかったが、今は問題を乗り越えられる力がある」と理解することができます。反対に、利き手ではない側の肉づきだけがプリッとしていれば、「過去には問題を乗り越えられる力があったのに……」ということです。

あごの左右の大きさや形状の非対称は、一番注意が必要です。あごに大きな非対称がある人は、行動が不安定です。感情が爆発したときに自分でも「なぜ今こんなことをするのかな?」と首を傾げてしまうほどの行動をすることがあります。

非対称がある人の性格・行動を見るポイント

注意をつけ加えるとすれば、非対称だけを見て相手を判断しようとすると、誤解が生じる恐れがあります。

たとえば、非対称がある人が社員募集に応募してきたとします。見れば、あごが非対称。「うーん、印象はいいんだけど、非対称は行動が不安定なんだよな。やめておこうかな……」

そのように判断するのは、早計です。確かに行動が不安定なところがあるかもしれません。

しかし「不採用」という結論を下す前に、顔の肉づきを見てもらいたいのです。もし「肉づきがしっかりしてプリッとしている」のであれば、問題が起こっても乗り越えるだけの力を持っていますので、行動の不安定さを補える可能性があります。

また輪郭に対して口が小さければ、エネルギー量をしっかり調節して使うことができます。さらに口の閉じ具合を見ていきます。しっかり閉じられていれば、自己コントロールできる力があります。

こうしてトータルで見ていくと、あごが非対称でも、「採用する価値のある人材だ」という判断が導かれます。

もっとも、あごが非対称で、肉づきがブヨブヨしていて輪郭に対して口が大きく、しかも閉じられていないとなれば、どんなに学歴や業績が輝かしくても、思いとどまったほうが賢明です。

器官・部位の非対称と輪郭から性格・行動を読み取る

目	**微妙に非対称**→知性の豊かさを表す／二つのビジョンを兼ね備える **かなり非対称**→複数の情報を的確に統合・処理することができない／自分に必要な情報を選べない
鼻	**穴の非対称**→愛情面での悩みや心配ごとがある
口	**非対称**→自分の考えをうまく言葉で表現できない
頬骨	**非対称**→「好きだけど嫌い」のように、愛情に二面性を持つ
あご	**非対称**→情緒不安定で衝動的に行動する傾向がある
輪郭に対して目が大きい	好奇心旺盛で、新しい情報や流行に敏感／視覚からの刺激に影響を受けやすい
輪郭に対して目が小さく奥まっている	意志が強い／選択欲求が強く、自分自身の考えに固執する
輪郭に対して鼻が大きい	他者とのコミュニケーションは寛大／がさつな傾向がある
輪郭に対し鼻が小さい	常に冷静で自己の目標達成のためにエネルギーを使う／エゴイストの傾向がある
輪郭に対して口が大きい	行動的でエネルギッシュ／体力をキャパシティー以上に浪費し持久力がない
輪郭に対して口が小さい	持久力がある／ストレスをためやすい

第6章

分析であの人の本質がここまでわかる！

顔分析を武器にする

ここまでの章で、相貌心理学の使い方をお伝えしてきました。顔の器官・部位、顔のゾーン、顔の輪郭という三つの見方で総合的にとらえて分析していくと、自他ともにその人の持っている本質を把握することができます。

実際に相貌心理学を活用できるようにするために、この章では、実在する／した有名人の顔分析を紹介します。

さまざまなメディアにおいて取り上げられ、その人となりをよく知られている有名人にも、「本当はこんな人」「実はこんな一面があった」という部分や傾向があります。それを読んで、相貌心理学の実学としての力をさらに追体験し、武器としての強さを認識してもらえれば幸いです。

あなたがその相手と接するとしたら、どのように相手とコミュニケーションしていくのか。考えながら読み進めていくと、より理解が深まると思われます。

「このタイプはこういうふうに接していけばいいのか」

「ここを見ると、こんなことがわかるのか」……

その分析を見ることで、相手との接し方のポイントがつかめるのではないでしょうか。

自分自身の身の周りの人の分析をするときの参考になるはずです。

いくつかの事例をご紹介しましょう。まずは顔の三つのゾーンである思考ゾーン、感情ゾーン、活動ゾーンの、それぞれを代表する有名人の分析をしていきます。


妥協を許さない理想主義者……スティーブ・ジョブズ【思考ゾーン】

想像力豊か。理想主義。美的センスがすぐれている。ロジック重視。ゼロから1をつくっていく……。

思考ゾーンが持つ特徴をこれほど満たしている人はいないと思わせるのが、スティーブ・ジョブズです。

ジョブズの思考スピードが速いことは、傾斜のある額から読み取ることができます。思考は常に的確かつロジカルで、他の追随を許すことがありません。

ジョブズが率いるアップルは「iMac」「iPod」「iPad」「iPhone」といった革新的な商品を常に生み出してきましたが、それは彼の発想力に支えられてきたと言っても過言ではありません。商品のデザインが評価されるのは、ジョブズの美的センスが優れているがゆえ。

もっとも、理想が高すぎるために、簡単に満足することができないのも、ジョブズの特徴です。アップルの数々の商品は、発売されるまでに彼の厳しいチェックを何度も何度も受けてきたことでしょう。

彼は自分が納得するまで、繰り返し「ＮＯ」を言い続けるタイプです。正面から見て鼻先が下に垂れ下がっていることから、それが見て取れます。

厳しいダメ出しを受けて、アップルの社員が辟易するほど試作品をつくり直したというエピソードがありますが、妥協を許さないジョブズの理想主義が、熱狂的とも言えるアップルファンを生み出したと言えるかもしれません。

新商品が発売されるたびに、ジョブズがプレゼンをするのが恒例となっていましたが、そのスピーチの巧みさは、よく知られるところです。聞いている人に自分の考えをうまく伝えられるのは、ビュンと飛び出ている鼻筋の傾斜から見て取れます。

スピーディーでロジカルな思考。妥協なき商品づくり。多くの人をうならせるスピーチ。これらが相まって、ジョブズをカリスマ経営者たらしめています。

正面から見える耳は、独立心の旺盛さを、どっしりとしたあご先は野心を表しています。

張りのある肉づきは、どんな問題をも乗り越えるキャパシティーがあることを教えてくれます。

彼の薄い唇からわかることは、正当すぎるがゆえにときに冷淡さを伴うこと。彼の場合、言葉が凶器になることもあります。

目・鼻・口ともにその形状を表すラインは細く、輪郭も細い彼は過剰なほどに神経質です。自分以外の者はがさつで、自分の繊細さは到底理解できないであろうと考えるタイプでもあります。

レトラクテでもあるジョブズは、愛情深いタイプではありません。心を許した数人には惜しみない愛を捧げますが、それ以外の人には「興味がない」というのがふさわしいでしょう。

有言実行の完璧主義者……羽生結弦【感情ゾーン】

羽生結弦を動かすモーターは、エモーションの爆発と感情の高揚感。

感情ゾーンには耳があり、聴覚への刺激はとても重要です。ファンの声援がエモーションへの着火剤となり、さらなるエネルギーを与えることは間違いありません。

オリンピックという大舞台で驚異的なパフォーマンスを発揮できるのは、熱狂的とも言えるファンの応援を自分自身のエネルギーに変えることができるから。応援があればあるほど、燃えるタイプです。

ほめられて伸びるタイプが多いのが、感情ゾーンの人の特徴です。「すごい！」「さすが！」「天才！」と言われれば言われるほど、モチベーションを高めていきます。むしろ感情ゾーンの人は、「もっと言って！」とほめられるのを待っているところがあります。ほめられればほめられるほど、伸びていきます。

細い輪郭から見て取れるのは、体力があまりないこと。スポーツ選手にとっては不利になりかねないのですが、その一方で、小さな口がエネルギー消費の調節をしてくれるので、持久力が高いことも表しています。

横から見てあご先から口に向かうラインがまっすぐに立ち上がっている形状や、引き締まった肉づきからうかがえるのは、立ち居振る舞いは常に冷静であること。その冷静さの下では、火花が散るごとく情動がメラメラと燃えていることがわかります。

決めたときは、実行するとき。目の細さと眼球に覆いかぶさるような瞼と横顔の形状などから、言ったことは必ず実現する有言実行タイプだとわかります。

ケガをしていたために、ぶっつけ本番で臨まざるを得なかった二〇一八年の平昌《ピョンチャン》オリンピックでは、宣言していたとおり、金メダルを獲得しました。多くの人が「厳しい」と思っていたにもかかわらず結果を出せたのは、「勝ちたい」「オリンピックで二連覇したい」というエモーションが爆発したからでしょう。世界中を感動させる奇跡を起こせるのが、羽生結弦という人です。

目と唇の細さを見ると、これ以上ない理想を追求する完璧主義者。世界最高得点を叩き出しても、オリンピックで金メダルを二度獲得しても、その理想を実現することがなければ、決して満足することはありません。

ひょっとすると、金メダルさえも通過点。そう言ってもいいくらいの高い理想が、彼の中にはあります。理想を実現したいという気持ちが、ストイックな原動力となっています。

他者とのコミュニケーションは、狭く深いものを好みます。好きではない多数といるよりも気心の知れた一人の親友やパートナーと一緒にいることを好みます。それは、細い輪郭や奥まった目からわかります。レトラクテであることから、孤独に強いタイプです。繊細な感受性が表すもろさとはかなさ。理想へのストイックさとも言える強さ。

この両極端とも言える傾向を併せ持つのが、羽生結弦の魅力。それが、女性ファンの心をわしづかみにする要因と言えるのではないでしょうか。

満足することを知らない貪欲な現実主義者……ココ・シャネル【活動ゾーン】

華やかなファッションの世界に身を置く超現実主義者――。それが、ココ・シャネルという女性です。

ファッションデザイナーは美的センスや感性、想像力などが要求される職業で、どちらかと言えば、思考ゾーンの人が向いています。もともと活動ゾーンは現実主義ですが、彼女の場合は「超」がつくほど。目に見えるもの、物質的な利益しか信じない傾向が強いがゆえにファッションの世界で成功したと言えます。

どういうことか説明しましょう。彼女がデザイナーとしてデビューした二十世紀前半は、まだ女性が社会に進出することが珍しかった時代です。富裕層を除けば、洗練された女性のファッションは少ない状況でした。

そんな時代にあって、彼女のデザインしたファッションは、機能的かつ実用的、それでいて洗練されています。その代表が、「シャネルスーツ」。これまでにない機能性と実用性を兼ね備えたファッションは、多くの女性を虜《とりこ》にしてきました。

なぜココ・シャネルがそうした世界を変えるようなデザインを生み出せたのかと言うと、現実主義者だから。それまでの女性のファッションは、毎日着られて、かつデザイン性に優れた、機能的かつ実用的なものは多くありませんでした。

世の中の女性が求めているものはどういうものかを見抜く鋭い観察眼。活動ゾーンの特徴である手先の器用さからくる裁断、縫製の高い技術力。ココ・シャネルは、この二つを持ち合わせています。

想像力を駆使したデザインありきではなく、マーケットのニーズを把握して女性が求めるファッションをつくるところが、活動ゾーンならではと言えます。実用性からデザインに入っていった先駆けかもしれません。

どっしりとした輪郭からもわかるとおり、豊富なエネルギーがあり、他者とのコミュニケーションはアクティブです。パッチリ開いた目から好奇心旺盛さ、どっしりした輪郭から精力的に自分のテリトリーを広げる女性であることが見て取れます。

まっすぐな額を見ると、とても頑固です。目尻が上がっていることから、人の言うことは一切聞きません。人の影響を受けることもないので、それがシャネルを唯一無二の輝かしいファッションブランドたらしめているとも言えます。

エネルギッシュな彼女は、負けず嫌い。ひとたび行動を起こせば、勢いをもって突き進みます。その勢いは、障害物をなぎ倒していくブルドーザーのようです。それらは、張りのある肉づきと横顔の形状から推察できます。

活動ゾーンのココ・シャネルにとっては物質的、金銭的な安定こそが心の安定で、実際に強欲なまでに富を手にしています。彼女の辞書には「満足」という言葉がなかったのかもしれません。そんな貪欲な人だったからこそ、ファッションブランド・シャネルを一切の妥協なくつくり上げることができたと言えるのではないでしょうか。

二つのポイントを押さえる

思考ゾーン、感情ゾーン、活動ゾーンを代表する有名人の総合分析をご覧いただきました。いかがだったでしょうか。

「やはりそうだよね」と納得できるところもあれば、反対に「エッ、そうなの？」と意外に思うところもあったかもしれません。相貌心理学に基づく分析をしていくと、その人の傾向がわかります。

こうしたら喜ぶというツボを押さえる。

こうしたら嫌がるという地雷を避ける。

誰にでも当てはまることですが、この二つのポイントを押さえていけば、相手と円滑なコミュニケーションができます。また良好な関係を形成し維持していくことが可能です。

たとえば、あなたがスティーブ・ジョブズの部下だったとします。新商品のアイデアを提案するときには、それをロジカルに説明していきます。感情を爆発させたり共感を求めたりするようなコミュニケーションは、ＮＧです。

質問されたときに、あいまいな返事をしたら、どんなにすぐれたアイデアであっても、却下されかねません。わからないことは、素直に「わかりません」と言うべきです。

同じように、あなたが羽生結弦のコーチだとしたら、ほめることによって、モチベーションを高めるように接していきます。すでに信頼関係を築いているのであれば、一対一で密に接して、大勢によるワイワイガヤガヤとしたコミュニケーションは避けるようにします。

あるいは、あなたがココ・シャネルのビジネスパートナーだとしたら、抽象的なことや数字の入っていない目標をテーマにするのは厳禁。売り上げや利益を伸ばす現実的な話をしなければ、彼女から遠ざけられてしまいます。

相手の顔に表れている情報をもとに、フェイス・トゥ・フェイスの、きめの細かい対応をしていくことが大切です。慣れないうちは戸惑うこともありますが、二つのポイントさえつかめれば、的確なコミュニケーションができるようになります。

その情報は、万国共通。目の前にいるのが異なる言語を話す人であっても、顔を見るだけで「この人はこういう人なんだな」と瞬時に察知できてしまいます。

もしあなたが相貌心理学を理解していれば、初対面の異国の人と接しても、相手の性格や考え方を素早く把握して、それに基づいたコミュニケーションを的確にしていくことで、「なんでこの人はこんなに私のことをよくわかっているのだろう?」と感激されるに違いありません。その相手が商談を検討しようとしている人なら、間違いなくあなたをパートナーに選ぶことでしょう。

最後まで水と油だったチャールズ皇太子とダイアナ元妃

ここからは世界中の誰もが知る英王室の三組のカップルの相性を見ていきます。なぜこのカップルがお互いに引きつけられたのか、あるいはうまくいっているのかいないのかを考えながら読み進めていくと、組み合わせの妙が見えてきます。

もしここに挙げた有名人と身近な誰かが同じ性質を有しているのであれば、置き換えて読んでいくといいでしょう。その、身近な人との距離が縮まる、あるいは仲が深まるヒントがちりばめられているはずです。

まずはチャールズ皇太子とダイアナ元妃の相性から見ていきましょう。チャールズ皇太子は感情ゾーンで、ダイアナ元妃は思考ゾーンです。

この二人の場合、チャールズ皇太子がアクセル役で、ダイアナ元妃がブレーキ役。お互いが相手を補い合っているうちはうまくいきますが、ひとたび歯車が狂い出すと、亀裂が生じてしまいがちです。この二人は最後まで水と油の関係で、その溝を埋めることができなかったでしょう。

感情ゾーンであるチャールズ皇太子は敏感で繊細な感受性を持っていますが、すべてのものごとを否定的にとらえがちです。また何をするにしても好き嫌いで決めていきます。感情ゾーンゆえに、感情の動向が彼の行動傾向を決めます。

コミュニケーション能力は高いものの、鼻の穴が見えないことから心を閉ざすことも多く、なかなか本心を語りたがらないことがわかります。表面的なやりとりに終始することになりますが、それでいて「自分をわかってほしい」という承認欲求が強いタイプ（感情ゾーンが拡張していることから理解できます）。目の細さから選択の欲求が強いこともわかります。

このように複雑な感情を併せ持っている男性です。

正面から見える耳と、どっしりとしたあご先から、独立心、野心ともに旺盛。みんなを引っ張っていくリーダータイプと言えますが、結果を急ぐあまり、腰を据えてものごとに取り組むのは苦手です。真のトップには向いていません。

そうした気難しい人物を一生懸命支えようとしていたのが、ダイアナ元妃です。

思考ゾーンゆえに、想像力が豊か。大きく開いた目と繊細な目のラインが、好奇心旺盛の理想主義者であることを示します。独立心も旺盛で、傾斜がある鼻筋を見ると、自分の考えを的確に相手に伝えることが得意だとわかります。ふっくらとした肉づきが相手を包み込む寛容性、環境へ適応する順応性を兼ね備えていることを表します。

このとおりとても社交的な女性です。

目がパッチリ開いているところを見ると、求めている情報を精力的に集めようとしていますが、自分の考えに固執する頑固な一面を持っています。また「天は二物を与えた」と言っていいくらいパーフェクトな女性であるにもかかわらず、あご先がとんがっていることが示すとおり、自分自身に対する自信のなさがどこかにあって、本心をなかなか語ろうとしない傾向があります。コミュニケーション能力はあるのに、熱い思いを相手に伝えることをためらうこともあります。

思考ゾーンだけに理論的にものごとを考えますが、高い理想と自信のない自分がぶつかり合って、フラストレーションを抱え込みがちです。その葛藤が、さらに自分自身を責め立てます。

相性について言えば、好き嫌いでものごとを決めるチャールズ皇太子は、常に自分が主導権を握らなければ気に入りません。横顔の形状と感情ゾーンであることを考えると、問題が起こっても状況を変えることで、解決策を見出すタイプです。

ダイアナ元妃には問題を乗り越える大きな能力があるものの、自分自身への自信のなさが頭をもたげて、多くの場合、チャレンジよりも現状維持を選びがちです。

感情の共有を相手に求めるチャールズ皇太子。理論的にものごとを考えるダイアナ元妃。コミュニケーションのすれ違いも頻繁に起こり、結局、この二人が手を取り合って一つの人生を歩んでいくのは難しかったのでしょう。

お互いを理解し合うことができれば、相手にないものを補える最高のカップルになれたはずですが、いったん亀裂が生じてしまうと、どちらも歩み寄ろうとしなくなり、修復不可能になったと分析できます。

ウィリアム王子を献身的に支えるキャサリン妃

次に両親の不和を目の当たりにした二人の王子たちとその妃《きさき》との相性を見ていきましょう。故意か偶然かわかりませんが、二人の妃はダイアナ元妃と同じ思考ゾーン。いずれも知的で美的センスに優れ、理想を高く持ち、論理的思考の持ち主。そういう女性が、英王室の男性に好まれるのでしょうか。

最初にウィリアム王子とキャサリン妃。ウィリアム王子は活動ゾーンで、キャサリン妃は思考ゾーンです。

この二人の場合、相手の利点を見出し、お互いの利用価値を認め合えれば、最高のパートナーとなります。

鼻の穴の形状を見ると、ウィリアム王子は、超完璧主義者。何ごとも自分が一番でなければ気に入りません。自分が一番になれないと、フラストレーションを感じます。輪郭の細さと、目鼻立ちの細いラインから感受性はとても敏感。目の上の膨らみから観察眼が鋭いこと、鼻のつけ根のへこみから批評好きであることが見て取れます。

細い輪郭と過度に突出したあご先が、自分が選んだ相手には惜しみない愛情を注ぐことを示します。ときにそれは、相手にとって押しつけと言えるほど強いものです。

選択の欲求が強いことは、目の細さからうかがえます。自分が選ぶ相手は常に最大限の利用価値がなくてはなりません。そのウィリアム王子の欲求を満たしたのが、キャサリン妃。ウィリアム王子にとっては、最高の女性と言ってもいいでしょう。

思考ゾーンのキャサリン妃は、知的好奇心が旺盛で、想像力が豊かな理想主義者。あご先がどっしりしていることから、野心も旺盛。

肉づきの豊かさと張りがあるところから見ると、問題に対する抵抗力、忍耐力、持久力も持っており、思い描いた理想は確実に実現するたくましい女性です。どっしりとした輪郭、肉づきの豊かさから見ると、寛容性、順応性にも優れており社交的。他者とのコミュニケーションも円滑に行います。

華やかで美しい英王室という環境は、キャサリン妃にとって知的好奇心と理想を満たす最高の場所。それを提供してくれたウィリアム王子は、キャサリン妃にとっても最高のパートナーだと言えます。

この二人がうまくいっているとすれば、キャサリン妃の努力の賜物《たまもの》です。常に一番でなければ気が済まないウィリアム王子のどんなわがままもキャサリン妃は受け入れられます。彼女の大きな度量は、輪郭が示す耐久力と肉づきの豊かさ、張りから理解できます。

主導権を持ち「すべてを自分が決めたい」と考えているウィリアム王子の性格をよく理解したうえで、ときには従順になり、ときには陰でうまくアシストしながら、王子が求める方向にキャサリン妃がうまく誘導していっています。

問題が起こっても、実際に舵《かじ》を取るのはキャサリン妃。どんな困難に遭っても、キャサリン妃のバイタリティーと機転のよさでこれまですべての問題を乗り越えてきました。

「思ったことは実現させる」というキャサリン妃の高いモチベーションが、最高の解決策をもたらします。

レトラクテで体力量が少なく、また感受性が敏感すぎるウィリアム王子には、キャサリン妃ほどの度量はありません。キャサリン妃がウィリアム王子を支え続ける限り、この二人の関係は続いていくでしょう。

二人だけの世界観を構築するヘンリー王子とメーガン妃

今やその行動が世界中の注目を集めているヘンリー王子とメーガン妃。ヘンリー王子が活動ゾーンで、メーガン妃は思考ゾーンです。

まっすぐな額を見ると、ヘンリー王子は熟考型。横顔の形状からは考え抜かれた思考や決断に自信を持っているため、他者や環境からの影響を受けることがないのがわかります。その分、思考が偏り柔軟性に欠け、頑固になりがちです。

レトラクテであるがゆえにもともとのエネルギー量が少なく、ムダな行動は極力省きます。兄同様、選択の欲求は強く、自分でなんでも選ばなければ満足しないタイプです。

愛情面では葛藤を抱えていて、自分が望んだとおりの愛情を受け取ることができなかったようです。幼少期に母親のダイアナ元妃と離れ離れになってしまったこととも無関係ではないでしょう。レトラクテであるため孤独には強く、他者とのコミュニケーションでは壁をつくることがあります。自分の思いをなかなか相手に伝えることをしない秘密主義者です。

思考ゾーンのメーガン妃は、好奇心旺盛。あごがどっしりと大きいので、手先が器用。豊かな肉づきの張りを見ると、バイタリティーもあふれています。ディラテ特有のどっしりとした輪郭と肉づきが示すとおり、コミュニケーション能力が高く、誰とでも仲よくなれるタイプです。

額がまっすぐに立ち上がっていることから、頑固。一度決めたらなかなか自分の意志を変えることはしません。

自分の考えや思いをうまく他者に投げかけますが、鼻の穴が正面から見えないことから本心を内に秘めることが多く、秘密主義的な傾向もあります。どっしりとした輪郭から愛情面では孤独に弱いことが見て取れます。かぼちゃのようなぼってりとした鼻先の形状からは独占欲が強く、欲張りなところがあるのがわかります。

孤独に強く自分の世界観に生きる自由奔放なヘンリー王子と、多くの愛情を欲するメーガン妃。本来なら、まったく交わることのない二人です。

おそらくヘンリー王子は、自分にはない社交性や寛容性、バイタリティー、ものごとを計画的に実行する能力を持つメーガン妃に憧れを抱いているのではないでしょうか。

メーガン妃にとっても、自分だけに愛情を注いでくれる、ヘンリー王子の純真さに、独占欲が満たされたのでしょう。そのメーガン妃の独占欲の強さが、それまで満たされることがなかったヘンリー王子の愛情を求める気持ちにピッタリはまったようです。

お互いに本心をあまり語りたがりませんが、信頼関係で固く結ばれ、二人だけの独自の世界観を構築しています。それがいきすぎると、ときとして周囲にハレーションを起こすことがあります。

「近くて遠い。遠いのに近い」

二人の相性は悪くないですが、本来求める欲求があまりにも異なります。一つ歯車が狂うと、気性の激しいメーガン妃と、人とのコミュニケーションに壁をつくるヘンリー王子の関係は、あっけないほどもろく崩れることがあるかもしれません。

好き嫌いがはっきりしているエリザベス女王

これまで三組の相性を見てきましたが、今度は親・子ども・孫の三代を見ていきます。エリザベス女王から連なる親子三代のそれぞれの相性を見ていくと、世界中を騒がせているヘンリー王子の王室離脱問題の本質の一端を垣間見られるかもしれません。

まずは一九五二年に即位してからすでに七十年近くその座に君臨するエリザベス女王の個人分析から。女王の一番拡張しているゾーンは感情ゾーンです。このことからものごとの判断基準は好きか嫌いか、また長さを感じさせるレトラクテの輪郭からは何ごとも自分で選びたい欲求が強いことがわかります。

コミュニケーションにおいても、好き嫌いがとてもはっきりしているタイプです。彼女の選択眼で選んだ好きな相手には惜しみない愛情を注ぎますが、嫌いな相手に対しては彼女の高い考察力で欠点を見つけ出し、強く批判する傾向があります。目と目の間が狭い形状が表す、一つのことに固執しやすい傾向が、この批評性を後押しします。また細さを感じる輪郭から、恨みや憎しみはすぐに忘れるというより、根に持つタイプということがわかります。

豊かな肉づきから寛容性、順応性の高さがうかがえますが、輪郭が細いことや目の奥まりから、彼女が選んだ環境内という限定がつきます。他者との共感や分かち合いも求めますが、それもまた自分が選んだ相手と限定されます。不特定多数といるよりも、彼女が厳選に厳選を重ねた数少ない人たちといることを好みます。

立ち上がった形状を表す額からは、じっくり考える熟考型だとわかります。口からあごにかけての傾斜から見て取れるのは、ついつい考え半ばで行動を起こし、フライングのように先走った自分の行動を後で後悔する傾向があることです。

どっしりしたあご先を見ると、野心は豊富。目の前の問題や困難も乗り越える高い能力を持っています。

総じて言うと、やさしさや寛容性、順応性も持ち合わせていますが、それらが発揮されるのは彼女が選んだ相手と環境内。内向的で保守的です。

異なるゾーンの組み合わせでもうまくいく

エリザベス女王とチャールズ皇太子は、同じ感情ゾーン。孫の王子は、二人とも活動ゾーンというように異なっています。

エリザベス女王を中心に、それぞれの相性を見ていきます。

まずは親と子。エリザベス女王とチャールズ皇太子の二人は、お互いに感情ゾーンが拡張しています。

この二人は、お互いに感情の共感や共有を求め、かつ分かち合うことのできる、とてもいい相性だと言えます。もっとも、お互いが相手に対して好意を抱いているときという限定つきです。

共通点は、好き嫌いがものごとの判断基準であること。一つのことに固執しやすい傾向があり、批判・批評が大好き。選択の欲求がとても強く、何ごとも自分で選ばなければ気が済まないこと。そして承認欲求の高さです。

エリザベス女王が一歩下がり、主導権を握りたいチャールズ皇太子の存在を尊重している間は良好な関係が保たれますが、ひとたび彼女の承認欲求が彼の承認欲求を勝るものとなれば、お互いが一歩も譲らない状況は感情の高まりとともに最悪となり、二度と修復のきかない間柄となります。エリザベス女王次第で、最高にも最悪にもなる相性の二人です。

続いて、エリザベス女王と孫のウィリアム王子。一番拡張しているゾーンが感情ゾーンと活動ゾーンというように、異なっています。ともすれば、コミュニケーションのすれ違いが起こり得る組み合わせですが、それを回避しているのが、ウィリアム王子です。

ウィリアム王子は、観察眼がとても鋭く、なおかつ器用です。目の前の現実をもとにさまざまな可能性を膨らますことができる想像力を用いて、エリザベス女王が何を欲し、何を満足させれば自分の思いどおりに動くかを理解することができます。

相手に好かれている、必要とされているという承認欲求が強い感情ゾーンのエリザベス女王は、ウィリアム王子に愛されているという思いが満たされれば、たいていのことは気にしません。このことをウィリアム王子は、熟知しているはずです。

エリザベス女王はヘンリー王子のよき理解者

エリザベス女王とヘンリー王子。こちらも感情ゾーンと活動ゾーンの組み合わせです。ただ相手との感情の共有を求めるエリザベス女王と、自分の世界観に生きるヘンリー王子は、求める価値観が違いすぎて、なかなか交わることがなく、相性は決して「いい」とは言えません。

とは言え、エリザベス女王もヘンリー王子もものごとをじっくり掘り下げて考える熟考タイプ。共通の思考傾向を持つ二人は、たとえお互いの価値観が交わることがなくても、一緒にいて心地よさを感じるのは確かです。

エリザベス女王は、どことなく自分と似ているヘンリー王子を誰よりも愛《いと》おしいと思い、ヘンリー王子もなんだかよくわからないけれどエリザベス女王のことは嫌いにはなれない存在だと思っているのではないでしょうか。愛情面に葛藤を抱えているヘンリー王子に共感し相手を包み込むことができるのは、エリザベス女王だからこそ。

ただし、エリザベス女王は「自分の幸せは相手にとっても幸せ」と考え、相手に自分の感情を押しつけやすい傾向があります。人から干渉されるのが好きではなく、他者とのコミュニケーションには隔たりを保つヘンリー王子にとって、彼女からの愛情がときに重荷と感じることがあります。

相性はよくないながらも、どこか似ている……。二人の関係は紙一重で、最良になることもあり得ます。

エリザベス女王を起点にして、相貌心理学をベースに英王室のメンバーの関係を見ていくと、それぞれが抱えている問題や今後の展開がなんとなくでも見えてきます。

「こういう決断をしたのは、こういう傾向があるからか」
「この関係性があるから、ああいう結果につながったのか」……

相貌心理学から見ていくと、起こった出来事の原因も説明がつきます。ここでは英王室のメンバーを見てきましたが、あなたの身の周りの人たちの顔を分析してみると、あのときの行動の原因も把握できるし、今後の行動や関係性も予測できるようになるでしょう。

相手の顔の変化を読み取ってコミュニケーションする

相貌心理学者が行う分析は、さまざまな要素を組み合わせて、本人さえも気づかないでいる、その人だけの特徴を浮き彫りにしていきます。英王室の分析ではメンバー間の相性面を中心に述べましたが、これはそのままビジネスにも当てはまります。

長所も短所もどちらも個性。その人の本質にかかわることです。

自分自身も含めて、それを知っていれば、お互いがうまくいくコミュニケーションがわかってきます。少なくとも知らないでいるよりは、はるかにいいコミュニケーションができます。

繰り返しますが、顔は変わります。それは、内面が変化するからです。

「肉づきが豊かになったな／薄くなったな」

相手の顔の変化を読み取って、それに沿ったコミュニケーションをしていけば、自分の変化を察知してくれたことに感激して感謝してくれることでしょう。いつまでもいい関係を維持することができます。

自分の弱みを相手の強みで補ってもらう

人は一人では生きることができません。会社の経営に限らず、プライベートにおいても、何かをするのであれば、一緒に行動してくれる人が必要です。

相性だけなら同じゾーンの人と一緒に行動すればうまくいきます。もっとも、同じ組織には自分と異なるゾーンの人もいることでしょう。違うゾーンであっても、自分も相手もお互いに活かし合えれば、両者にとってプラスになります。

このとき自分にはない強みを持っている人、自分の弱みを補ってくれる人と組むと、うまくいくものです。

たとえば、自分がアイデア豊富な思考ゾーンであれば、それを多くの人にうまく伝えるのが得意な感情ゾーン、あるいは実現する方法を導き出す活動ゾーンと組むと、うまくいくことが多くなるでしょう。

もしやる気のあるときとないときの差が激しい感情ゾーンなら、常に冷静でロジカルに考える思考ゾーンか、現実的な目標設定をするのが上手な活動ゾーンをパートナーに求めるといいかもしれません。

メリットがないことには手を出そうとしない活動ゾーンなら、実力より上の課題に挑むのが好きな思考ゾーン、もしくは何ごとも楽しんでやろうとする感情ゾーンと組むと、いい結果がもたらされそうです。

あなた自身が上の立場にいるなら、誰と誰が組むとうまくいく、反対にうまくいかないかを見極められるようにならなければなりません。そういう立場にないとしても、自分にはない強みを持つ人と組むと、相乗効果が得られます。

「自分の弱みを補ってくれるのは、あの人」
「私なら、あの人の弱いところをフォローしてあげられる」

そんなふうに自分自身や他者の強み／弱みを意識すれば、誰もが想像以上の結果を得られることでしょう。

相貌心理学について大まかにでも理解できたとしても、得た知識を実際に活用できなければ、「宝の持ち腐れ」になります。仕事・プライベートを問わず、得た知識を活かすことで初めて身につけたと言えます。

相貌心理学を徹底活用してもらうために、巻末資料をご用意しました。今後も相貌心理学はあなたのお役に立つに違いありません。

おわりに

ここまでお読みくださり、ありがとうございます。

相手に合わせるのではなく、自分と相手のタイプを知って適切な対応をする――。

それが、相貌心理学に基づくコミュニケーションです。

目の前にいる人がどんなタイプで、どんな特徴や傾向を持っているか理解していれば、自分自身に心の余裕が生まれます。したほうがいいことを積極的に行い、反対にしてはいけないことは絶対にしない……。それだけでコミュニケーションはスムーズに進むし、関係性もよくなっていきます。

仕事やプライベートなど、日常生活で相貌心理学を使う場面は、たくさんあります。相手がどんな人かを見極めて、その相手が喜ぶ・好反応を示すようなコミュニケーションをすれば、あなたは人間関係の達人になることができます。

好むと好まざるとにかかわらず、グローバル化はますます進んでいきます。言語を超越したコミュニケーションツールとして相貌心理学を活用してもらえば、相手との関係は良好になり、組織運営も円滑に回っていくようになります。

本文でも紹介しましたが、私のセミナーを受講した方はわずか三カ月で顔が変わり、劇的に人生を変えることに成功しています。「顔が変われば、人生が変わる」は本当です。相貌心理学者として、人生を好転させていった人をたくさん見てきているから、これからもそのお手伝いをしていきたい一心です。

先んずれば、人を制す――。

「知らないでいるのは本当にもったいない」

そう思うからこそ、多くの日本人がまだ知らないでいるこの実践的な学問を早く理解してほしいし、活用してもらいたいのです。実践すれば、必ず効果があります。メリットもたくさん得られます。

なお、本書をお読みになって、相貌心理学についてもっと詳しく知りたいと思われた方は、こちらにアクセスしてください。

・ホームページ　http://a-cura.net/seminar/
・インスタグラムアカウント　bouzon_san

・ツイッターアカウント　@bouzontakako

発祥の国フランスにおいて、道行く人に尋ねたらほとんどの人がその存在を知っているように、いつの日か、日本においても、「相貌心理学を知っていますか？」と聞かれた通りすがりの人の多くが「ええ、知っていますよ」と答えるまでになったら……。相貌心理学の普及に努めている一著者として、こんなにうれしいことはありません。

私自身、相貌心理学に出合って、人生が大きく変わりました。今度は、あなたの番です。

あなたの人生がより素晴らしくなることを祈っています。

佐藤ブゾン貴子

巻末資料1 顔を見ただけでは区別がつかない三つのゾーンを見抜く質問

Q「今の仕事を選んだ理由はなんですか?」

A「自分の夢を実現するため」
「自分の持っている知識や資格が活かせる仕事なので」

➡理想の追求や自分の知的優位をアピールする …… **思考ゾーン**

A「お客様とワクワク感を共有できる仕事なので」
「多くの方々の幸せのお役に立てる仕事なので」

A「給与や福利厚生がしっかりしているので」
「人脈やコネクションが広がるから」
➡自分の感情や相手との共感をアピールする …… **感情ゾーン**

➡具体的なメリットをアピールする …… **活動ゾーン**

Q「挫折や失敗から学んだことはどういうことですか?」

A「何が問題だったのかという理由の『見える化』の重要性です」

「さらなる目標を自らに課すことができました」
⬇理由や理屈、理想でものごとを解決するようなことを言う …… **思考ゾーン**

A「自分一人では何もできないということです」
「仲間の応援が自分の力になるということです」
⬇他人の存在の重要性について触れる …… **感情ゾーン**

A「無謀な夢は追わないことです」
「慣れないことはするものではないということかな」
⬇現実的なこと、シビアなことを言う …… **活動ゾーン**

Q「座右の銘／好きな言葉はなんですか？」

A「敬天愛人」
「天は人の上に人を造らず、人の下に人を造らず」
⬇理想主義的なことを言う …… **思考ゾーン**

A「笑う門には福来る」
「春が来ない冬はない」

A「生きているだけでまるもうけ」

↓明るく前向きなことを言う……感情ゾーン

A「解決できない問題は起こらない」

↓現実に即したことを言う……活動ゾーン

Q「十年後にどうなっていると思いますか？」

A「社長になっているかな」

「新規事業を始めて海外に進出している」

↓妄想に近い理想を言う……思考ゾーン

A「結婚して妻と子どもと幸せに暮らしているよ」

「仕事も家庭も友人関係もうまくいって

楽しい毎日を過ごしているよ」

↓自分の気持ちや他人との関係性を意識したことを言う……感情ゾーン

A「実績的には今の会社なら課長くらいになっているだろうな」

「給料は○○円くらいには上がっているかな」

⬇リアリティーのあることを言う ……… **活動ゾーン**

Q「お休みの日は何をしていますか？」

A「もっぱら読書をしています」

「絵を見たり映画を見にいったりします」

⬇芸術や知的な趣味について触れる ……… **思考ゾーン**

A「家族と過ごしています」

「友人とボランティア活動をしています」

⬇誰かと一緒にいると言う ……… **感情ゾーン**

A「優待券を利用してレストランに行ったりします」

「趣味のＤＩＹや家庭菜園……あとは料理にも凝っています」

⬇物理的・金銭的なメリットのあること、食やモノづくりに関する趣味などを具体的に言う ……… **活動ゾーン**

巻末資料2　三つのゾーン別、相手の心をつかむキラーフレーズ集

プレゼンの内容がよかったとき

相手が **思考ゾーン** なら

➡「完璧な内容で理想的なプレゼンだったね」

➡「あなたの知識とアイデアがものをいったね」

相手が **感情ゾーン** なら

➡「君のプレゼンにすごく共感したよ。聞いた人全員がきっと満足したと思うよ」

➡「君でなきゃできない素晴らしい内容だったね」

相手が **活動ゾーン** なら

➡「予算や売上目標が具体的で、現実味があるね」

➡「メリットが単刀直入にまとめられていて、説得力があったね」

結果を出した部下をほめるとき

相手が **思考ゾーン** なら

⬇「成功の秘訣を教えてほしいな」
⬇「完璧主義の君なら成し遂げると思っていたよ」

相手が **感情ゾーン** なら
⬇「みんなが君を誇りに思っているよ」
⬇「安心して君に任せたかいがあったよ」

相手が **活動ゾーン** なら
⬇「きっと次のポジションもすぐそこだよ」
⬇「君の営業力が一番なのは、売り上げが物語っているね」

失敗した部下を慰めるとき

相手が **思考ゾーン** なら
⬇「弘法も筆の誤りだね」
⬇「失敗じゃなく勉強だよ、スキルアップしたね」

相手が **感情ゾーン** なら
⬇「君のミスは私のミスでもある。一緒に頑張ろう」

➡「君が私の部下で本当によかった」
相手が 活動ゾーン なら
➡「君の失敗が改善点を明確にしてくれたよ」
➡「コストを再度見直して、次はここまでの数字を目指そう」

部下に仕事を頼むとき

相手が 思考ゾーン なら
➡「プロ意識の高い君にぜひお願いしたいね」
➡「君の知識や才能をいかんなく発揮できる機会だと思うよ」
相手が 感情ゾーン なら
➡「君にしか頼めない仕事なんだ」
➡「君のことをみんなが認めるいい機会になると思うよ」
相手が 活動ゾーン なら
➡「売り上げがすぐに評価に直結する仕事だよ」
➡「今回の仕事の経験や人脈は君へのメリットが大きいと思う」

人にアドバイスしてもらうとき

相手が **思考ゾーン** なら

⬇「ぜひあなたの豊富な知識をお借りしたいんです」

⬇「私は勉強不足でわからないので、教えていただけますか」

相手が **感情ゾーン** なら

⬇「あなただからこそアドバイスいただきたいのです」

⬇「みんなからあなたならきっと力になってくれるとお聞きしたもので」

相手が **活動ゾーン** なら

⬇「報酬はお支払いするので、食事でもしながら相談に乗っていただけますか」

⬇「話の内容はきっとあなたにもメリットがあると思います」

クライアントに契約してもらおうとするとき

相手が **思考ゾーン** なら

⬇「御社の理想の実現のお手伝いをさせていただきます」

⬇「目指すところは常にその先、素晴らしい未来をお約束します」

相手が **感情ゾーン** なら

⬇「御社のお役に立てることが、私どもの幸せです」

⬇「不安や心配ごとはすべて一緒に解決させていただきます」

相手が **活動ゾーン** なら

⬇「これらすべてが御社のメリットです。面倒なことは全部こちらでやります」

⬇「これだけのいい条件は、ほかにはありません。他社と比べていただいても、構いません」

提案された話を穏便に断るときの枕詞

相手が **思考ゾーン** なら

⬇「御社の掲げる理想に弊社の実力がまだまだ追いつかず」

⬇「素晴らしい知見とご教示をいただき感謝しかないのですが」

相手が **感情ゾーン** なら

⬇「個人的にはとても共感が持てる内容なのですが」

⬇「ほかでもない○○さんの素晴らしいご提案なのですが」

相手が **活動ゾーン** なら

➡「御社にとってのメリットも考えてみたのですが」

➡「単刀直入に結論を申し上げますと」

仕事のミスを謝罪するとき

相手が **思考ゾーン** なら

➡「今回のミスの理由を明確にしたうえで、報告書にまとめます」

➡「初心に戻り自分の弱点や盲点をリストアップします」

相手が **感情ゾーン** なら

➡「○○さんにまでご迷惑をおかけしてしまい、申し訳ありません」

➡「かかわっていただいた皆さまの期待を裏切ってしまい恐縮です」

相手が **活動ゾーン** なら

➡「ミスの原因は○○です。○日までに解決します」

➡「こちらのミスの部分は金額で補塡いたします」

相手にお礼をするとき

相手が **思考ゾーン** なら

➡「いつもお世話になっているので、今度、話題のあの店にご招待します」

➡「この品物のよさは○○さんならおわかりいただけると思います」

相手が **感情ゾーン** なら

➡「仲間内でパーティーをやるので、○○さんにもお越しいただきたいんです」

➡「素敵な香りのするこの花を○○さんにお届けしようと思いました」

相手が **活動ゾーン** なら

➡「ミシュラン三ツ星の店にご招待します」

➡「これはあのブランドの限定品です」

巻末資料3 三つのゾーン別、自分の強みを知る／活かす習慣

思考ゾーン

- 芸術やアートに触れる　•本をたくさん読む　•調査／研究をする
- 創作活動をする　•思索にふける　•社会や流行を観察する　•理想を掲げる
- ビジュアルやデザインに凝る　•新しいものを発掘する
- 世の中にない商品／サービスを開発する

感情ゾーン

- 人の話をよく聞く　•相手をほめる　•仕事とプライベートを両立させる
- 気遣いやおもてなしをする　•好きなことにのめり込む
- 楽しいことを率先してやる　•誰にでもやさしく親切にする　•音楽を聴く
- チームや組織をまとめる　•落ち込んでいる人をフォローする

活動ゾーン

- たくさんの人と接する　•口コミや宣伝をする　•試行錯誤を重ねる
- 問題解決に積極的に取り組む　•冷静に判断する
- メリットに直結する課題を自分に与える　•利便性を追求する　•人を紹介する
- 手先を動かす　•おいしいものにこだわる

巻末資料4　三つのゾーン別、適性のある職業

思考ゾーン

・デザイナー　・クリエイター　・作家　・画家　・演出家
・記者／ライター　・棋士　・研究者　・法律家　・教員
・パイロット　・評論家　・美容師／ネイリスト
・プログラマー　・社会起業家

感情ゾーン

・カウンセラー　・ファシリテーター　・コーディネーター
・インストラクター　・トレーナー　・セラピスト
・ツアーコンダクター　・コンシェルジュ　・ガイド　・通訳
・保育士　・看護師　・演奏家　・販売員　・客室乗務員

活動ゾーン

・コンサルタント　・会計士　・ファイナンシャルプランナー
・ディーラー　・バンカー　・警備員　・エンジニア
・整備士　・工芸家　・農家／漁師　・シェフ／パティシエ
・栄養士　・エステティシャン　・トリマー　・パタンナー

巻末資料5 逆引き、こんな傾向のある人は、顔に明らかな特徴がある！

（自分自身や身の周りの人の行動に対して、「なぜこういうことをするのだろう？」という疑問が湧いたとき、顔を見てみましょう。その人が持つ傾向のヒントがつかめます）

- 一つのことに集中する
  どこを見たらいいか？ ↓**目**↓目と目の間が狭い
- 思考的な問題解決力がある
  どこを見たらいいか？ ↓**こめかみ**↓こめかみがまっすぐ
- 行動的な問題解決力がある
  どこを見たらいいか？ ↓**肉づき**↓肉づきに張りがある
- 自己コントロールができる
  どこを見たらいいか？ ↓**口**↓口を閉じている
- 思考のスピードが速い
  どこを見たらいいか？ ↓**額**↓額が傾斜している
- ものごとを深く掘り下げて考える
  どこを見たらいいか？ ↓**額**↓額がまっすぐ

・ポジティブ思考
どこを見たらいいか？ ↓**口**↓口角が上がっている
・自分に自信がある
どこを見たらいいか？ ↓**あご先**↓あご先がどっしりしている
・誰とも上手にコミュニケーションをする
どこを見たらいいか？ ↓**肉づき**↓肉づきが豊か
・人をよくほめる
どこを見たらいいか？ ↓**口**↓唇が厚い
・人の話をよく聞く
どこを見たらいいか？ ↓**目**↓目尻が下がっている
・問題解決力が足りない
どこを見たらいいか？ ↓**肉づき**↓肉づきに張りがない
・一つのことに集中できない
どこを見たらいいか？ ↓**目**↓目と目の間が広い
・自己コントロールが苦手

どこを見たらいいか?→**口**→口が開いている

●妄想傾向が強い
どこを見たらいいか?→**額**→額がぷっくりしている

●堂々巡りになりやすい
どこを見たらいいか?→**こめかみ**→こめかみが大きくへこんでいる

●常識にとらわれやすい
どこを見たらいいか?→**こめかみ**→こめかみがへこんでいる

●現状に妥協をしやすい
どこを見たらいいか?→**耳**→耳が正面から見えない

●ネガティブ思考
どこを見たらいいか?→**口**→口角が下がっている

●自分に自信がない
どこを見たらいいか?→**あご先**→あご先がとんがっている

●限られた人とコミュニケーションをする
どこを見たらいいか?→**肉づき**→肉づきが薄い

●思ったことをストレートに口にする
どこを見たらいいか？→**鼻**→鼻の穴が見える

●正論だが口調が冷淡
どこを見たらいいか？→**口**→唇が薄い

●なかなか本音を言わない
どこを見たらいいか？→**鼻**→鼻の穴が見えない

●構ってもらいたがる
どこを見たらいいか？→**頬骨**→頬骨が張っている

●愛情表現が苦手
どこを見たらいいか？→**口**→口が非対称

●人の意見を受け入れない
どこを見たらいいか？→**目**→目尻が上がっている

●人の意見に流されやすい
どこを見たらいいか？→**目**→目尻が下がっている

●ミーハーなところがある

どこを見たらいいか？ →**目**→目がパッチリ開いている

・大雑把でがさつ
どこを見たらいいか？ →**鼻**→鼻筋が太い

・自己中心的
どこを見たらいいか？ →**鼻**→輪郭に対して鼻が小さい

・すぐに機嫌が悪くなる
どこを見たらいいか？ →**鼻**→鼻筋が波打っている

・感情の起伏が激しい
どこを見たらいいか？ →**肉づき**→肉づきがボコボコしている

・論理的にものごとを考え、話す
どこを見たらいいか？ →**拡張**→思考ゾーン

・美的センスがすぐれている
どこを見たらいいか？ →**拡張**→思考ゾーン

・自分の実力では難しい課題をすぐあきらめてしまう
どこを見たらいいか？ →**拡張**→思考ゾーン

・ほめるのもほめられるのも好き
どこを見たらいいか？ →**拡張**→感情ゾーン
・互いに共感できる話をするのが好き
どこを見たらいいか？ →**拡張**→感情ゾーン
・さびしがり屋のところがある
どこを見たらいいか？ →**拡張**→感情ゾーン
・使えるか、使えないかシビアな判断ができる
どこを見たらいいか？ →**拡張**→活動ゾーン
・お金が大好き
どこを見たらいいか？ →**拡張**→活動ゾーン
・お腹がすくと、機嫌が悪い
どこを見たらいいか？ →**拡張**→活動ゾーン

巻末資料6 器官・部位、ゾーン、輪郭に特徴がある有名人

目尻が上がっている有名人：アグネス・チャン／柴咲コウ／片岡鶴太郎／松田翔太
目尻が下がっている有名人：内館牧子／鈴木亮平／平井理央／えなりかずき

目がパッチリ開いている有名人：小倉優子／橋本環奈／安達祐実／新田真剣佑
目が細い有名人：アントニオ猪木／笑福亭鶴瓶／高橋克典／みやぞん

こめかみがまっすぐの有名人：蒼井優／小泉進次郎／いとうせいこう
こめかみがへこんでいる有名人：木村多江／財前直見／東貴博

鼻の穴が見える有名人：小倉智昭／市川実日子／矢沢永吉／堀江貴文
鼻の穴が見えない有名人：草野仁／小島奈津子／滝川クリステル／和田アキ子

鼻の傾斜がある有名人：波瑠／宮﨑あおい／向井理
鼻の傾斜がない有名人：竹内結子／城島茂／葵わかな

耳が正面から見える有名人：佐藤藍子／劇団ひとり／渡哲也
耳が正面から見えない有名人：峰竜太／ガッツ石松／三村マサカズ

肉づきが豊かな有名人：出川哲朗／鈴木京香／有村架純
肉づきが薄い有名人：小泉純一郎／イチロー／中村俊輔

唇が薄い有名人：藤原竜也／前澤友作／ビル・ゲイツ
唇が厚い有名人：田中圭／藤田ニコル／平子理沙

額が傾斜している有名人：平井堅／市川海老蔵／タモリ
額が立ち上がっている有名人：篠原涼子／岡村隆史／又吉直樹
額がぷっくりしている有名人：山本美月／宮沢りえ／仲代達矢

あごが平らな有名人：阿部寛／錦戸亮／星野源
あごが細い有名人：観月ありさ／篠原ともえ／平野紫耀（キング＆プリンス）
あごが出ている有名人：有田哲平／桐谷健太／山田優
あごが引っ込んでいる有名人：千葉雄大／武井咲／板野友美

頬骨が張っている有名人：片桐はいり／丸山桂里奈／篠原信一
頬骨が張っていない有名人：久本雅美／DAIGO／オダギリジョー

思考ゾーンの有名人：安室奈美恵／郷ひろみ／中田英寿／小泉今日子／藤井聡太
感情ゾーンの有名人：ビートたけし／松たか子／綾小路きみまろ／貴乃花／大谷翔平
活動ゾーンの有名人：今井美樹／香取慎吾／カンニング竹山／しずちゃん／横澤夏子

ディラテの有名人：孫正義／カルロス・ゴーン／光浦靖子／有働由美子／武田信玄
レトラクテの有名人：柳井正／永守重信（日本電産）／玉木宏／黒木華／織田信長

レアジッサンの有名人：ジュリア・ロバーツ／森泉／滝沢カレン
コンソントレの有名人：三木谷浩史／有吉弘行／山田孝之

編集協力　岩崎英彦
本文イラスト　森海里
本文図表　茂呂田剛（エムアンドケイ）

河出新書 019

人《ひと》は顔《かお》を見《み》れば99%わかる

フランス発《はっ》・相貌心理《そうぼうしんり》学入門《がくにゅうもん》

二〇二〇年五月三〇日　初版発行
二〇二〇年九月二〇日　5刷発行

著者　佐藤《さとう》ブゾン貴子《たかこ》
発行者　小野寺優
発行所　株式会社河出書房新社
〒一五一－〇〇五一　東京都渋谷区千駄ヶ谷二－三二－二
電話　〇三－三四〇四－一二〇一［営業］／〇三－三四〇四－八六一一［編集］
http://www.kawade.co.jp/

マーク　tupera tupera
装幀　木庭貴信（オクターヴ）
印刷・製本　中央精版印刷株式会社

Printed in Japan　ISBN978-4-309-63120-2

一億三千万人のための
『論語』教室

高橋源一郎
Takahashi Genichiro

『論語』はこんなに楽しくて面白い!
あなたも悩んでないで、
生きる上での様々な「疑問」を
孔子センセイに聞いてみよう。
高橋源一郎が20年の歳月をかけた
話題騒然の完全新訳。

ISBN978-4-309-63112-7

河出新書
012